서원교육과
과거

서원교육과
과거

초판 1쇄 인쇄 2024년 11월 18일
초판 1쇄 발행 2024년 12월 2일

—

기 획 한국국학진흥원
지은이 김자운
펴낸이 이방원
책임편집 박은창 　　**책임디자인** 박혜옥
마케팅 최성수·김 순 　**경영지원** 이병은

—

펴낸곳 세창출판사

　　신고번호 제1990-000013호 　주소 03736 서울특별시 서대문구 경기대로 58 경기빌딩 602호
　　전화 02-723-8660 　팩스 02-720-4579 　이메일 edit@sechangpub.co.kr 　홈페이지 http://www.sechangpub.co.kr
　　블로그 blog.naver.com/scpc1992 　페이스북 fb.me/Sechangofficial 　인스타그램 @sechang_official

—

ISBN 979-11-6684-366-2 94910
　　　　979-11-6684-164-4 (세트)

ⓒ 한국국학진흥원 인문융합본부, 문화체육관광부

서원교육과 과거

김자운 지음
한국국학진흥원 기획

세창출판사

한국국학진흥원에서는 2022년부터 문화체육관광부의 지원으로 전통생활사총서 사업을 기획하였다. 매년 생활사 전문 연구진 20명을 섭외하여 총서를 간행하기로 했다. 지난해에 20종의 총서를 처음으로 선보였다. 전통시대의 생활문화를 대중에 널리 알리기 위한 여정은 계속되어 올해도 20권의 총서를 발간하였다.

한국국학진흥원은 국내에서 가장 많은 약 65만 점에 이르는 민간기록물을 소장하고 있는 기관이다. 대표적인 민간기록물로 일기와 고문서가 있다. 일기는 당시 사람들의 일상을 세밀하게 이해할 수 있는 생활사의 핵심 자료이고, 고문서는 당시 사람들의 경제 활동이나 공동체 운영 등 사회경제상을 이해할 수 있는 자료이다.

한국의 역사는 '조선왕조실록'이나 '승정원일기'와 같이 세계적으로 자랑할 만한 국가기록물의 존재로 인해 중앙을 중심으로 이해되어 왔다. 반면 민간의 일상생활에 대한 이해나 연구는 관심을 덜 받았다. 다행히 한국국학진흥원은 일찍부터 민간에 소장되어 소실 위기에 처한 자료들을 수집하고 보존처리를 통해 관리해 왔다. 또한 이들 자료를 번역하고 연구하여 대중에 공개했다. 이러한 민간기록물을 활용하고 일반에 기여할 수 있는 방법으로 '전통시대 생활상'을 대중서로 집필하여 생생하게 재현하여 전달하고자 했다. 일반인이 쉽게 읽을 수 있는 교양학술총서를 간행한 이유이다.

총서 간행을 위해 일찍부터 생활사의 세부 주제를 발굴하는 전문가 자문회의를 개최하고, 전통시대 한국의 생활문화를 가장 잘 구현할 수 있는 핵심 키워드를 선정하였다. 전통생활사 분류는 인간의 생활을 규정하는 기본 분류인 정치, 경제, 사회, 문화로 지정하였다. 이를 기반으로 매년 각 분야에서 핵심적인 키워드를 선정하여 집필 주제를 정했다. 이번 총서의 키워드는 정치는 '과거 준비와 풍광', 경제는 '국가경제와 민생', 사회는 '소외된 사람들의 삶', 문화는 '교육과 전승'이다.

각 분야마다 5명의 집필진을 해당 어젠다의 전공자로 구성하였다. 어디서나 간단히 들고 다니며 쉽게 읽을 수 있도록 최대한 이야기체 형식으로 서술해 달라고 부탁하였다. 다양한 사례의 풍부한 제시와 전문연구자의 시각이 담겨 있어 전문성도 담보할 수 있는 것이 본 총서의 매력이다.

전문적인 서술로 대중을 만족시키기는 매우 어렵다. 원고

의뢰 이후 5월과 8월에는 각 분야의 전공자를 토론자로 초청하여 2차례의 포럼을 진행하였다. 11월에는 완성된 초고를 바탕으로 1박 2일에 걸친 대규모 학술대회를 개최하였다. 포럼과 학술대회를 바탕으로 원고의 방향과 내용을 점검하는 시간을 가졌다. 원고 수합 이후에는 각 책마다 전문가 3인의 심사의견을 받았다. 2024년에는 출판사를 선정하여 수차례의 교정과 교열을 진행했다. 책이 나오기까지 꼬박 2년의 기간이었다. 짧다면 짧은 기간이다. 그러나 2년의 응축된 시간 동안 꾸준히 검토 과정을 거쳤고, 토론과 교정을 통해 원고의 완성도를 높이기 위해 분주히 노력했다.

전통생활사총서는 국내에서 간행하는 생활사총서로는 가장 방대한 규모이다. 국내에서 전통생활사를 연구하는 학자 대부분을 포함하였다. 2023년도 한 해의 관계자만 연인원 132명에 달하는 명실공히 국내 최대 규모의 생활사 프로젝트이다.

1990년대 이후 폭발적으로 증가했던 일상생활사와 미시사 연구에 대한 학계의 관심이 근래에는 소홀해진 상황이다. 본 총서의 발간이 생활사 연구에 활력을 불어넣는 계기가 되기를 기대한다. 연구의 활성화는 연구자의 양적 증가로 이어지고, 연구의 질적 향상 또한 이끌 것이다. 그렇게 된다면 전통문화에 대한 대중들의 관심 역시 증가할 것으로 기대한다.

본 총서는 한국국학진흥원의 연구 역량을 집적하고 이를 대중에게 소개하기 위해 기획된 대표적인 사업의 하나이다. 참여한 연구자의 대다수가 전통시대 전공자이며 앞으로 수년간 지속적인 간행을 준비하고 있다. 올해에도 20명의 새로운 집필자가 각 어젠다를 중심으로 집필에 들어갔고, 내년에 또 20권의 책이 간행될 예정이다. 앞으로 계획된 총서만 100권에 달하며, 여건이 허락되는 한 지속할 예정이다.

대규모 생활사총서 사업을 지원해 준 문화체육관광부에 감사하며, 본 기획이 가능하게 된 것은 한국국학진흥원에 자료를 기탁해 준 분들 덕분이다. 다시 감사드린다. 아울러 총서 간행에 참여한 집필자, 토론자, 자문위원 등 연구자분들께도 감사 인사를 전한다. 책의 편집을 책임진 세창출판사에도 감사드린다. 이 모든 과정은 한국국학진흥원 여러 구성원의 노력이 있었기에 가능했다.

2024년 11월
한국국학진흥원 인문융합본부

차례

들어가는 말: 서원의 인문정신과 '관계의 교육학'

2019년 7월 6일, 아제르바이잔 바쿠에서 열린 제43차 세계유산위원회에서 '한국의 서원' 9곳이 유네스코 세계유산에 이름을 올렸다. 세계 인류가 보다 소중하게 아끼고 지켜야 할 유산임을 인정받은 것이다. 유네스코가 인정한 한국 서원의 '탁월한 보편적 가치Outstanding Universal Value'의 핵심은 다음 네 가지로 요약할 수 있다. 첫째, 조선왕조의 성리학 교육 기관을 대표하는

그림 1 「세계유산 한국의 서원 인증서」,
국가유산청 제공

9개 서원이라는 점, 둘째, 몸과 마음의 전인적 수양을 위한 교육 체계와 교육 환경을 구비하고 있다는 점, 셋째, 중국에서 발원한 성리학을 한국의 교육적·사회적 관행으로 토착, 발전시킨 문화적 전통의 우수한 증거라는 점, 넷째, 그 정신적 가치의 많은 부분이 계승되고 있으며, 건축물의 보존 상태가 우수하다는 점이다.

얼마 전 사범대학 학생들에게 '서원'하면 가장 먼저 떠오르는 게 무엇인지 질문한 적이 있다. 돌아온 답은 '대원군의 서원 철폐령, 권력 유지를 위한 양반들의 세력 근거지, 세금 세탁하는 곳, 계파 싸움, 당쟁의 온상, 조선이 망한 이유' 등 부정적인 답변이 대부분이었다. 특히, '세금 세탁' 같은 표현은 꽤 충격적이었다. 그중 아주 소수의 학생들만 '사학, 훈장, 시골 명문학교, 국제학교 같은 고급스러운 학교'의 이미지가 떠오른다고 하였다. 서원이 우리 역사에 남긴 폐해를 부정할 수는 없지만, 그 이면에는 건강한 공동체를 구축하기 위한 철학과 교육 실천이 분명히 존재하였다. 그런데 어쩌다 서원의 순기능은 사라지고 이렇게 역기능만 부각된 것일까. 유네스코도 인정한 한국 서원의 우수한 문화적 전통과 정신적 가치가 정작 우리 젊은 세대들에게는 제대로 계승되지 못하고 있는 현실이 어쩌면 교육학자들의 직무 유기에서 비롯된 것은 아닐까 하는 씁쓸함과 동시에 서원 연구자이자 교육자로서 어깨가 무거워지는 순간이었다.

그렇다면 한국 서원의 정신적 가치란 과연 무엇일까? 단지 답습의 대상으로서가 아니라, 21세기를 사는 우리에게 꼭 필요하고 변용 가능한 가치가 있다면 무엇일까? 필자에게 이를 묻는다면 주저 없이 '관계의 교육학'이라고 답하겠다. 이때 '관계'란 몸과 마음, 자연과 인간, 주체와 객체, 지식과 덕성 사이의 조화와 통일을 추구하는 '전체론적' 혹은 '관계론적' 사유를 뜻한다. 서원의 교육 공간 및 교육 원리와 방법은 모두 그 이상적 '관계'의 구현을 위해 정교하게 구조화되어 있었다. 만물과의 조화로운 관계는 서원교육의 이념적 토대인 유학의 이상적 경지이자, 누구나 될 수 있지만 결국 누구도 도달하기 어려운, 고원한 성인聖人의 경지이기도 하다. 그럼에도 불구하고 우리가 주목할 것은, 조선시대 서원은 교육 환경, 교육 체제, 교수 방법에 이르기까지 그 '관계'의 이상을 현실화하기 위한 제도적·방법적 장치를 가장 체계적으로 확립하고 실천한 교육 기관이었다는 사실이다. 이 점에서 서원이 추구하고 실천했던 교육의 이상을 '관계의 교육학'이라 명명할 수 있다. 이때 그 관계의 중심에는 '도道'의 추구라는 인문학적 정신이 깃들어 있다. '도'의 추구라는 인문 정신과 '관계의 교육학'을 실현하기 위한 서원교육의 특징을 몇 가지로 정리하면 다음과 같다.

첫째, 서원교육의 첫 번째 목표는 유가에서 말하는 '도'의 탐구와 실천에 있었다. 유학자들은 서로 관련된 두 가지 차원에서 도를 추구한다. 하나는 '도'로 수신하여 자신의 내면을 수양하고 인격을 완성하는 것이며, 다른 하나는 '도'로 세상을 다스려 공동체의 질서를 완성하는 것이다. 유가에서 '도'의 추구란 우선 개인의 자기 도덕적 완성이며, 이를 바탕으로 사회 전체의 완성이 실현된다고 믿었다. 따라서 그들에게 자기 도덕적 완성이라는 목표는 나라를 다스리고 세상을 구제하는 사회적 관심사와 언제나 결합되어 있었다. 치국과 평천하의 이상을 실현하기 위해 대부분의 서원에서는 '덕성을 기르는 공부'(덕업德業)와 '과거 공부'(과업科業)'를 통합시켰다. 그러나 여기서 '덕업'은 목적이고 '과업'은 단지 수단이었을 뿐이다. '덕업'이라는 목적을 소홀히 한 채 단지 '과업'만 추구하는 교육 경향을 피하기 위해 서원에서는 단편적인 시험 위주의 교육을 엄격히 비판하였다. 그러나 서원의 인문정신이 과거 응시 교육과 완전히 대척점에 있었던 것은 아니다. 덕업이 본질이고 과업은 말단이라는 원칙 아래 대부분의 서원은 본말의 관계가 전도되지 않는 범위 내에서 두 가지 공부를 병행했기 때문이다. 다만 과거 공부의 궁극적인 목적은 반드시 내성외왕內聖外王의 도와 긴밀하게 결합되어야 한다는 철학이 서원이 지향했던 인문정신의 핵심이다.

둘째, '도'의 추구라는 인문정신과 자연과 인간의 조화로운 관계, 몸과 마음의 전인적 수양을 위한 관계의 교육학이 철저하게 구현된 또 하나의 제도적 장치는 바로 물질적 공간으로서의 서원의 교육 환경이다. 16세기 서원 보급 운동을 주도했던 퇴계 이황이 꼽은 서원을 위한 최적의 장소가 '한적한 들과 고요한 물가'였다는 점, 많은 서원이 공통적으로 자연과 산수가 어우러진 수려한 경관에 입지하고 있다는 사실은 결코 우연이 아니다. 또한 서원의 공간이 장수藏修와 유식遊息을 결합한 '제향, 강학, 유식' 공간의 세 영역으로 구조화된 것은 서원교육이 추구했던 '관계의 교육학'의 원리가 철저하게 반영된 결과였다.

셋째, 서원에는 지식과 덕성을 통합하고, 개별 학습자의 능력 및 학습속도의 차이를 철저히 존중하면서도 동시에 호혜적 배움을 실현하기 위한 역동적이고 다양한 교수학습체제가 완비되어 있었다. 서원에서 실천한 다양한 교수법에는 '어떻게 해야 배운 지식을 몸에 체화하고 마음에 내면화할 수 있을까', '지식이 공동체의 삶과 도대체 무슨 관계가 있는가'라는 교육학의 가장 본질적인 질문과 나름의 해법이 담겨 있다. 이는 시대를 관통하는 교육 본연의 문제의식이자 지금 우리 교육이 당면한 가장 절실한 과업이기도 하다. 서원에서 이는 과업과 도학, 개별학습과 공동학습, 교과학습과 의례, 몸공부와 마음공부의 통합 등을 통해 구현되었다.

　마지막으로 서원이 도의 추구라는 인문정신과 관계의 교육학을 자유롭게 펼칠 수 있었던 가장 중요한 배경은 바로 학문과 운영의 자율성이 보장된 교육 기관이었다는 데 있다. 서원은 관학 시스템 밖에 있는 교육 기관으로서 조정의 공식적인 허가에 의존하지 않고 설립할 수 있었다. 서원의 가장 중요한 특징은 설립자나 운영자가 모두 조정의 관학 직제에 편입되지 않았기 때문에 스승을 초빙하고 학생을 선발하는 데 있어 독립적 자주권을 가지며, 자체의 기준에 의거하여 독립적으로 운영될 수 있었다는 것이다. 이는 곧 서원의 자유로운 학문 탐구 정신으로 이어졌고, 학자와 교육자로서 명망 높은 스승이 초빙되면 원근을 가리지 않고 기라성 같은 문인들이 전국에서 모여들기도 했다. 즉, 학생의 입장에서 서원은 관학과 달리, '택사擇師'가 가능한 교육 공간이었다.

　그 결과 서원은 16세기 이래 다양한 문인집단과 학파 탄생의 근거지로 조선 성리학의 독자적 학문체계를 완성하는 기반이 되었다. 그리고 그 중심에 바로 서원 강학이 있었다. 각 지방의 문인들은 스승 사후 그 학문과 도덕을 본받기 위해 서원을 세워 스승을 제향하고, 강학을 통해 스승의 학설을 계승, 발전시킴으로써 비로소 각각의 학파가 탄생하였다. 퇴계 사후 그의 고향에 설립된 도산서원은 서애 류성룡, 학봉 김성일 등 결출한 명현들을 배출한 학문의 도장이자 조선 후기 영남학파 형성의 모태가 되었다. 또한 기호 지방에서는 자운서원, 돈암서원, 화양동서원 등을 중심으로 율곡 이이와 우계 성혼으로부터 사계 김장생-우암 송시열로 이어지는 기호학파의 성리설과 예학이 분화, 발전하였다. 경상 우도에서는 덕천서원을 중심으로 남명 조식의 실천적 학풍을 계승한 남명학파가 형성되어 조선 유학사의 한 축을 담당하였고, 그 실천적 학풍은 임진왜란 중 배출된 수많은 의병장의 현실 참여로 결실을 맺었다. 조선 후기 서울·경기 지역에서는 석실서원을 중심으로 김창협·김창흡 형제의 개방적인 학풍이 전파되어 18세기 호락논쟁에서 석실서원은 서울 지역 낙론의 진원지가 되었다. 또 그들의 문하에서 진경시와 진경산수화의 대가인 사천 이병연과 겸재 정선이 배출됨으로써, 석실서원은 명실공히 조선 후기 진경문화의 산실로 자리잡게 된다. 이와 같은 학파의 분화, 발전은 서원의 자유로운 운영 환경을 토대로, 학문의 대가들이 서원에 모여 강학하는 것을 동력으로 삼아, 사제 간에 서로 질의하고 토론하고 격발시키며 새로운 관점과 사상을 계승, 확립함으로써 형성된 것이다.

이와 같이 관계의 교육학을 철저히 추구했던 조선 서원의 교육 체제는 배움이 그저 대학입시의 수단으로 전락한 현대 교육에도 분명한 성찰의 계기를 제공한다. 이하 본문에서는 먼저, 조선 서원이 탄생하게 된 배경을 교육사적 관점에서 간략히 살펴보고, 조선 최초의 서원 설립자인 주세붕과 16세기 서원 보급 운동을 주도했던 퇴계 이황을 거쳐 조선 서원의 교육 이념이 확립된 과정을 살펴보고자 한다. 다음으로 서원이 추구했던 '관계의 교육학'이 물질적 환경으로서 서원의 교육 공간, 교육 방법, 교육 실제에 구체적으로 어떻게 구현되었는지 검토하고자 한다. 마지막으로 소수서원과 석실서원의 실제 사례를 바탕으로, 서원교육이 추구했던 '과업'과 '덕업'의 통합이라는 이상을 실현하기 위해 각 서원에서는 구체적으로 어떤 노력을 기울였고 또 어떤 한계와 실패에 직면하였는지, 배움이 '도'의 추구나 개인의 자기 도덕적 완성과 멀어진 채 과거 합격의 수단으로 전락하는 비극을 막기 위해 각 서원에서는 어떤 해법을 마련했는지 그 면면을 소개하고자 한다.

1

조선 서원의 탄생

시대의 변화는 새로운 교육을 필요로 한다. 정보화 시대를 지나 4차 산업혁명시대를 목전에 둔 지금, 과거의 교육은 더 이상 시대가 필요로 하는 인재를 길러 내지 못하고 있다. '한국 학생들의 과학 점수는 세계 최고이지만, 과학 현상이 일어나는 원인에 대해 설명하는 능력은 OECD 평균 점수에도 미치지 못한다'는 EBS의 보도는 한국 교육의 현주소를 적나라하게 보여 주고 있다. 여전히 지식의 '축적'에만 초점을 둔 한국의 주입식 교육은 '진짜 인재'가 아닌 '가짜 인재'를 길러 내고 있다는 것이다. 이는 산업화 시대에는 유용했을지 모르나 지식을 '활용'하고 '소통'하며 새로운 지식을 '창조'하는 창의적, 문제해결형 인재를 필요로 하는 이 시대에는 더 이상 적합하지 않다. 이러한 문제의식에 공감한 결과 최근 한국에서는 공교육 개혁 운동이 활발히 진행되고 있다. '삶에서의 지속적 성장'을 목표로, 아이들이 학교에서 배운 지식을 삶의 무대에 끊임없이 적용하고 확장할 수 있도록 '마을과 학교가 연대'하며, 새로운 시대가 요구하는 인재상을 길러 내기 위해 다양한 실험과 도전을 거듭하고 있다.

16세기 조선의 관학도 새로운 시대가 필요로 하는 인재상을 길러 내기에는 많은 면에서 한계를 노출하고 있었다. 유교를 통치이념으로 하는 조선에서는 원칙상 지식과 덕성의 결합을 통해 일상에서의 올바른 관계 맺음에 성공한 사람만이 통치자로서의 자격을 획득할 수 있었다. '수기치인修己治人'과 '내성외왕內聖外王'이 곧 그것이다. 이를 위해 조선왕조는 국초부터 중앙에는 성균관과 사학을, 지방에는 향교를 설치함으로써 관학의 교육 제도를 통해 인재를 키우고자 하였다. 그러나 관학은 '수기'와 '내성'이라는 수양과 교육의 기능보다는 '치인'과 '외왕'을 위한 과거 준비 기구로서의 기능에 치우치면서 과거제의 문란과 함께 세종 대부터 이미 부진의 조짐을 보이기 시작하였다. 이후 성종과 연산군의 폭정을 거치면서 점차 쇠퇴하다 중종 대에 이르면 그 폐단이 심각한 지경에 달하여 성균관과 사학은 '건물이 텅 빌 정도'로 피폐해졌다. 또한 지방의 향교는 양인이나 중인이 군역을 피하기 위해 일정한 기부금을 내고 입학하는 군역 모피처로 전락하면서 정작 공부하는 선비들에겐 점차 기피처가 되어가고 있었다.

그 원인은 첫째, 조정에서 스승이 될 만한 인물을 관학에 제대로 파견하지 못했기 때문이다. 둘째, 당시 정계에 진출하기 시작한 신진 사류들에겐 자신들이 꿈꾸는 도학 정치를 실현하기 위해 '도학으로 무장한 사람'이라는 새로운 유형의 인재가 필요했다. 그러나 과거 준비 기관이자 군역 모피처로 전락한 당시 관학은 새 시대가 필요로 하는 인재상을 길러 내기에는 역부족이었다. 존경할 만한 스승을 따라 '치인과 외왕'보다 '수기와 내성'에 초점을 두고 참다운 도학을 전수하기 위한 교육 공간으로 16세기 지식인들이 주목한 것은 바로 서원이었다.

그 이유는 첫째, 관학과 달리 서원은 원하는 인물을 스승으로 선택할 수 있는 '택사擇師'가 가능한 교육 공간이었기 때문이다. 이는 학생의 입장에서 보면 그 자체로 배움의 자발성이 보장될 수 있는 시스템이었다. 그 결과 서원은 조선 후기에 이르러 다양한 문인집단과 학파 탄생의 근거지가 되었다. 조선 후기 영남학파 형성의 모태가 된 도산서원, 기호학파의 성리설과 예학을 분화, 발전시킨 기호 지방의 자운서원, 돈암서원, 화양동서원, 남명학파의 실천적 학풍을 계승한 경상 우도의 덕천서원, 낙론의 학풍을 개성과 영남 지역에까지 계승, 전파하며 18세기 조선 지성사의 흐름을 바꾼 경기도의 석실서원 등 조선시대 주요 학파의 분기와 발전이 서원을 중심으로 이루어질 수 있었던 것은 바로 서원이 '택사'가 가능한 교육 공간이었기 때문이다.

둘째, 관리 양성과 과거 준비에 얽매였던 관학과 달리, 서원은 과거의 구속에서 벗어나 학문과 배움의 자율성이 보장되는 교육 공간이었기 때문이다. 1543년 풍기군수 주세붕의 백운동서원 창설에 이어, 16세기 서원 설립 운동에 누구보다 적극적으로 참여한 인물은 퇴계 이황이었다. 그는 관학의 무력화, 사림 세력의 성장 등으로 새로운 교육이 요청되던 시대적 배경 속에서, 중국 남송 대 주자의 서원 정신을 계승하여 당시 관학의 폐해와 왜곡상을 신랄하게 비판하며 과거 공부가 아닌 의리 탐구와 내면 수양을 목표로 향촌 선비들의 자치로 운영되는 새로운 학교, 즉 서원 설립 운동을 적극 추진하였다. 그는 많은 서원의 기문을 짓고 서원 보급운동에 앞장서는 동시에, 서원이 일개 고을의 학교에 머물지 않고 국가의 공식적 승인과 지원을 획득할 수 있는 '사액제도'를 마련하는 데 성공하였다. 한편, 행·재정적 지원은 국가 및 지방 정부가 담당하되 교육 내용과 운영에 있어서는 국가의 간섭을 최소화하고 향촌 사림들의 자율에 맡기는 향촌 자치제를 주장하였다.

그림 2 **퇴계 이황 선생 상,** 위키피디아에서 전재

퇴계 이황은 16세기 서원 보급운동을 주도했다

　　그러나 조선 최초의 서원을 설립한 주세붕의 서원관은 주자나 퇴계의 서원 이해와는 조금 차이가 있었다. 주세붕은 서원을 당시 쇠퇴한 관학을 대신하여 과거 공부를 통해 국가의 관리를 길러 내기 위한 인재 양성소처럼 인식하고 있었다. 서원을 통해 주자나 퇴계가 꿈꾼 교육적 이상이 실현되기 시작한 것은 한참 뒤의 일이었다.

2

서원관의 변화:
'과업지소科業之所'에서
'도학지소道學之所'로

과거 공부의 명소가 된 16세기 소수서원과 주세붕의 서원관

1543년 풍기군수 주세붕에 의해 창건된 백운동서원은 설립된 지 3년 만에 '이 서원에서 공부하면 5년도 안 되어 모두 과거에 급제한다'고 회자될 만큼, 과거 공부를 가장 효율적으로 시키는 과업의 명소로 급부상하고 있었다. 또한 1558년 스무 살의 나이에 소수서원에서 과거를 준비하던 학봉 김성일은 '사람이 이 세상에 태어나 과거 공부만 하고 위기지학을 알지 못한다면 이는 아주 부끄러운 일이다'고 하며 과거에 뜻을 접고 도학을 탐구하기 위해 소수서원을 떠나 도산서당으로 가서 퇴계의 문하가 되었다. 또한 조선 중기의 문신 이제신 역시 당시 소수서원을 '과업지소科業之所'로서 '과거 공부를 하는 사람이 아니면 들어가지 못하는 곳'으로 인식하고 있었다. 이 일화들은 16세기 소수서원 교육의 성격을 단적으로 드러내 준다. 즉, 16세기 소수서원은 무엇보다 과업을 충실히 수행하는 곳이었다. 그리고 이는 백운동서원의 설립자이자, '제왕학帝王學과 치용론治用論'의 관점에서 서원을 이해한 주세붕의 서원관에서 비롯된 것이었다.

주세붕은 풍기군수 시절 백운동서원을 창건하면서, '흉년을 당한 어려운 시기에, 안향은 이미 문묘에 종사되어 고을마다 사당이 있는데 무엇 때문에 사당을 다시 세우며, 학교 역시 고을마다 설립되어 있는데 무엇 때문에 서원을 다시 세우느냐'는 고을 백성들의 의혹에 직면하자, 서원의 설립 근거를 남송 대 주자의 백록동서원 고사에서 찾고자 하였다. 주세붕은 교육은 존현에서 비롯된다는 명분 아래, 전쟁과 기근에도 아랑곳하지 않고 백록동서원을 중수하고 3선생과 5현의 사당을 지어 사묘와 서원을 결합한 주자의 행적, '도통'과 '지역적 연고'라는 사묘의 향사 대상 선정 기준, 그리고 장서와 토지 등 물질적 기반을 마련한 주자의 고사를 따름으로써 백록동서원의 제도와 형식을 모방하였다. 그러나 결과적으로 그는 주자가 그 형식 속에 담고자 했던 내용과 정신, 즉 관학과 차별화되는 서원의 교육 정신은 따르지 못하였다. 즉, 그는 제도에 있어서는 남송서원의 모델을 따랐으나, 교육 기관으로서 서원의 성격과 역할에 대한 인식은, 관학의 보조 기구로서 과업을 충실히 수행했던 북송서원에 대한 이해를 기반으로 하고 있었다.

백운동서원을 설립한 뒤 그가 제정한 입원 규정을 통해서도 주세붕의 서원관을 엿볼 수 있다. 그는 원규에서 '사마시 입격자를 1순위, 초시 입격자를 2순위'로 규정함으로써, 백운동서원의 입원 자격을 과거 입격자 위주로 규정하였다. 이는 그가 당시 쇠퇴한 관학을 대신하여 과거 공부를 통해 국가의 관리를 길러 내기 위한 인재 양성소처럼 서원을 인식하고 있었기 때문이다. 즉, 그는 서원을 '국가의 원기元氣'를 길러 내는 교육 기관으로 파악하고 있었다. 그는 진정한 유도儒道의 실현은 제왕학을 통해 이루어지는 것이며, 서원을 통해 양성된 선비들은 그 제왕학의 실현을 돕는 존재로 파악하였다. 즉, 주세붕에게 서원은 '국가 발전을 위한 인재 양성소' 그 이상의 의미를 지니지 못하였다.

이 같은 주세붕의 서원관은 주자학에 대한 그의 독특한 이해 방식에서 그 실마리를 찾을 수 있다. 이는 1547년 주세붕이 명종에게 지어 올린『심도心圖』에서의『심경』해석에 잘 드러난다. 그의『심경』해석은, 경 사상을 중심으로 수양과 공부의 텍스트로『심경』을 파악한 사림파의 이해 방식과는 달리,『심경』

을 일종의 교화서로 이해하고, 왕도론이나 치용론과 결합함으로써 제왕학으로서의 심학서를 만들고자 했던 그의 의도를 담고 있다. 즉, 그의 『심도』는 사림파의 심학이 내향화되고 관념화되는 데 비하여, 심학을 외부 지향적이고 실사적인 차원으로 전환하고자 하는 관료적 의지를 담고 있는 또 다른 계열의 심학서였다. 이와 같이 심경을 실사적인 관점에서 새롭게 해석한 주세붕의 관료로서의 입장은 그의 백운동서원 창건과 초기 서원의 관학적 성격을 이해하는 데도 중요한 시사점을 준다. 백운동서원의 창건이 풍기사림이 아닌 군수 신분이었던 주세붕에 의해 이루어지고, 이후 경상 감사 안현의 경제적 지원과 국가의 사액을 통해 운영 기반을 확보하게 되는 과정은, 사림보다는 중앙정부와 관에 의해 주도된 초기 서원의 관학적 성격을 잘 보여준다.

즉, 관학의 진흥책이 매우 시급했던 당시, 한편으로는 주자의 고사를 따르면서도, 다른 편으로는 서원을 과거 준비 기관이자 관학의 기능을 대신할 인재 양성소처럼 인식할 수밖에 없었던 것은, 주자학을 수양론이나 공부론의 관점보다는, 제왕학과 치용론의 관점에서 해석한 주세붕의 독특학 학문적 입장이 반영된 결과로 볼 수 있다.

그 결과, 16세기 소수서원 교육은 철저하게 수령, 관찰사 등 지방관의 물적 지원을 기반으로, 과거 준비에 초점을 둔 교육 활동인 거접居接의 형태로 이루어졌다. 그리고 거접은 '시詩·부賦·의疑·의義·책策' 등 철저하게 과거 문체의 제술 훈련을 중심으로 시행되었다. 이처럼 서원을 제왕학과 치용론의 관점에서 이해한 주세붕의 영향에 따라 과거 준비에 적극적으로 대응한 결과, 16세기에는 입원생의 약 39%에 해당하는 유생들이 과거에 합격하는 대단한 성과를 올릴 수 있었다. 이렇게 볼 때 16세기 소수서원은 관학이 교육 기능을 상실하다시피 한 당시 조선 사회에서, 과거에 합격하여 국가의 관리가 될 인재를 양성하는 관학의 교육 기능을 무엇보다 충실히 수행해 내고 있었다고 할 수 있다.

조선 서원의 강학 이념을 확립한 이황의 서원관

남송 대 주자가 확립했던 서원관이 조선 사회에서 본격적으로 받아들여지기 시작한 것은 주세붕을 지나 퇴계에 이르러서였다. 그는 주자가 남송서원을 부흥할 때 했던 것처럼, 풍기군수로 부임하여 조정에 백운동서원의 사액을 청함으로써 서원이 국가의 승인과 지원을 획득할 수 있는 제도적 기반을 마련하

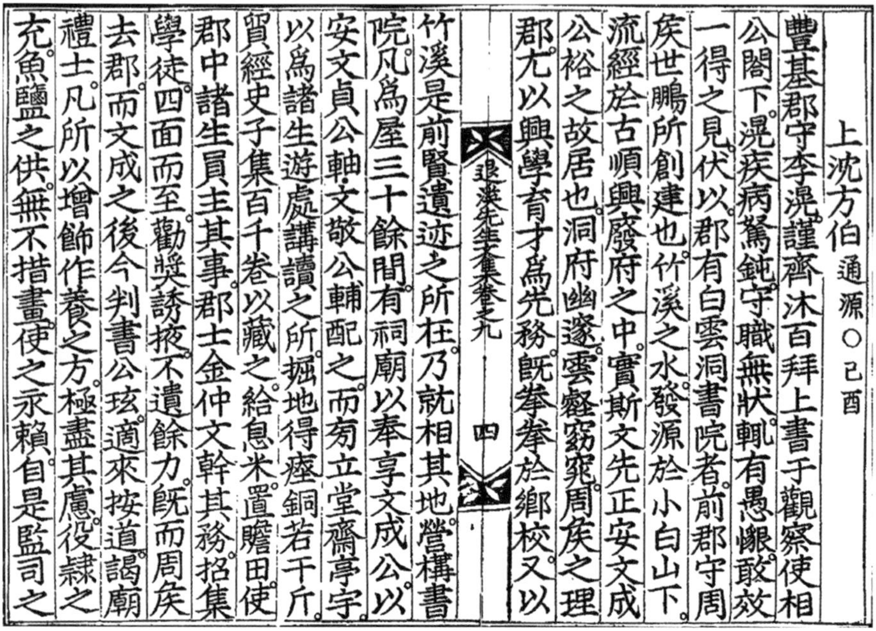

豐基郡守李滉謹齋沐百拜上書于觀察使相
公閤下滉疾病駑鈍守職無狀輒有愚悃敢效
一得之見伏以郡有白雲洞書院者前郡守周
世鵬所創建也竹溪之水發源於小白山下
流經於古順興廢府之中實斯文先正安文成
公裕之故居也洞府幽邃雲壑窈窕周侯之理
郡尤以興學育才爲先務旣擧拳於鄉校又以
竹溪是前賢遺迹之所在乃就相其地營構書
院凡爲屋三十餘間有祠廟以奉享文成公以
安文貞公軸文敬公輔配之而旁立堂齋亭宇
以爲諸生遊處講讀之所掘地得瘞銅若千斤
貿經史子集百千卷以藏之給息米置贍田使
郡中諸生員主其事郡士金仲文幹其務招集
學徒四面而至勸獎誘掖不遺餘力旣而周侯
去郡而文成之後今判書公玹適來按道謁廟
禮士凡所以增飾作養之方極盡其慮役隸之
充魚鹽之供無不措畫使之永賴自是監司之

上沈方伯 通源 ○ 己酉

退溪先生文集卷九 四

그림 3 『퇴계선생문집』「상심방백」, 서울대학교 규장각한국학연구원 소장
이황이 관찰사 심통원에게 백운동서원의 사액을 청원한 편지

는 데 성공하였다. 동시에 과거와 출세의 풍습에 물들어 학문을
오직 과거에 합격하고 녹봉을 취하는 수단으로만 여기는 관학
의 폐해를 지적하고, 서원을 설립한 뜻은 오직 '도학을 강명講明'
하는 데 있으며, 서원에서 학문하는 방법은 옛사람의 위기지학
爲己之學에 두어야 함을 강조하였다. 즉, 제왕학이나 치용론의 관
점보다는 '도학의 실현을 위한 공부론'의 관점에서 서원교육의

의미를 규정하고, 서원의 설립 의도와 교육 목표는 관학과는 다른 데 있음을 분명히 밝힌 것이다.

그는 주자의 서원관을 계승하여 이를 조선 사회에 정착시키기 위해 많은 서원의 기문을 짓고 서원 보급운동에 앞장섰으나, 과거의 구속에서 벗어나 참다운 위기지학을 실천하는 도학 서원의 정착은 쉽게 이루어지지 않았다. 그는 풍기군수 재임 시에도 틈날 때마다 백운동서원을 찾아 '도학'을 강론하며, 당시 과업에 몰두하던 백운동서원의 학풍을 쇄신하고, 제생들에게 도학이 무엇인지를 깨우쳐 주기 위해 많은 노력을 기울였다. 1549년, 풍기감사로 체직된 뒤 백운동서원의 원장을 겸직하여 처음 강학할 때, 그는 제생들에게 시를 지어 서원 설립의 취지가 과거나 출세가 아닌 '도학의 창달'에 있음을 다음과 같이 강조하였다.

소백산 남쪽 옛날 순흥 고을
죽계 찬 냇물 위에 흰 구름 떠다니네.
인재 기르고 도 보위한 공 더없이 우뚝하고
사당 세워 현인 높인 일 일찍이 없었지.
우러르고 사모하며 모여드는 인재들아
학문을 닦는 것이 출세 위함 아니라네.

고인은 볼 수 없어도 그 마음 느껴지니

차고 맑은 연못 속에 휘영청 밝은 달빛.

　　　-『퇴계집』권1, 시,「白雲洞書院示諸生 己酉○赴豊邑後」

또한 같은 해, 그는 '주세붕이 시를 부쳐왔기에 화답시를 지어 그에게 부쳤다. 특히 이 중 두 번째 수에서는 도학 창도에 뜻을 두고 있음을 은근히 밝혔다'라고 하며 주세붕에게 다음과 같은 시를 지어 보내 강학의 궁극적 목적은 도를 깨달아 실현하는 데 있음을 강조하기도 하였다.

내 게으르고 병든 사람으로

외람되이 지난해 봄에 군수가 되었네

이 고을 군수자리 평소 소원 이루었으니

백운동 죽계 사당 찾아 영정 참배하리라

대궐에서 그 누가 그대를 불러 일으켰오

찾기 어려운 이 도 천년 버려졌었네

죽계에서 갓을 벗어 던져 버리고서

경전을 연구하여 참된 도를 얻고 싶다네

　　　　　-『퇴계집』권1, 시,「答周景遊見寄 二首」

주세붕과 퇴계의 서원관의 차이는 그들이 제정한 서원 원규를 통해서도 확인할 수 있다. 주세붕이 지은 백운동서원 원규에서는 첫머리에 서원 운영을 위한 5개 강령을 제시하였는데, 그 중 강학에 대한 규정은 아예 포함되지 않고 있다. 이는 바로 '강학처로서의 서원'보다는 '존현처와 과업지소로서의 서원'에 초점을 둔, 당시 주세붕의 서원에 대한 인식을 보여 준다. 또한 상술한 바와 같이, 입원 자격에서도 성균관과 유사하게 소과 및 초시 입격자에게 우선권을 부여한 것은 관학의 연장선에서 서원을 이해한 그의 서원관을 잘 드러낸다.

반면, 1558년 퇴계는 이산서원의 원규를 지어 조선 서원의 강학 이념과 교육 과정을 분명히 제시하고 있다. 그는 원규의 첫 번째 조항에서 서원의 교육 과정은 사서오경을 근본으로, 소학과 가례를 문호門戶로 삼고 역사서와 문집, 문장과 과거 공부는 말단으로 할 것을 규정하였다. 다섯 번째 조항에서는 공부의 방법과 지침을 제시한 정이천의 사물잠, 주희의 백록동규, 진무경의 숙흥야매잠을 서원 내 벽에 걸어 놓고 경계로 삼도록 하였다. 또한 과거 공부에 대해서는, 서원에서의 공부를 과거와 인재 등용의 연장선상에 있는 것으로 인식하며 서원에서의 과거 급제자 배출을 자랑스럽게 여겼던 주세붕과 달리, 퇴계는 서원에서의 과거 공부에 대해 좀 더 소극적인 입장을 취하고 있다.

'과거 공부 또한 널리 힘쓰고 통달하지 않을 수 없으나, 마땅히 내외·본말·경중·완급의 순서를 알아서 타락하지 않도록 해야 한다'고 함으로써, 서원에서의 과거 공부를 완전히 금할 수는 없으나 그것은 어디까지나 바깥과 말단에 해당하는 비본질적인 것이며, 서원 강학의 본질은 '성현의 가르침을 지켜 온갖 선善이 본래 나에게 갖추어져 있음을 알고, 옛 도를 지금에 실천할 수 있음을 믿어 몸소 행하고 마음에 얻으며, 체體를 밝히고 용用에 맞게 하는' 위기지학에 있음을 역설하고 있다. 이처럼 원규의 첫 번째 조항에서 과거 공부를 비본질적인 것으로, 도학을 본질적인 것으로 규정함으로써 이산서원의 강학 이념을 제시한 퇴계의 관점은, 백운동서원 설립 당시까지만 해도 존현처나 과거 공부를 수행하는 곳으로 인식되던 조선 서원이, 비로소 도학을 추구하는 강학처로서 자리매김할 수 있는 인식의 전환점을 마련해 주었다.

3

유학의 교육 원리가
철저히 구현된
서원의 교육 공간

서원은 왜 경치 좋은 곳에 있을까?

16세기 과업을 준비하는 관학의 보조 기구이자 제왕학과 치용론의 관점에서 서원을 이해했던 주세붕의 서원관을 거쳐 이황에 의해 도학서원으로서의 강학 이념이 확립되면서 조선 서원에는 '관계의 교육학'을 실현하기 위한 교육 제도가 차츰 정착되어 갔다. 여기서는 자연과 인간의 조화, 몸과 마음의 전인적 수양을 위한 관계의 교육학이 철저하게 구현된 교육 환경으로서 서원의 교육 공간을 살펴보고자 한다.

다음 그림에서 보듯이, 조선의 서원은 자연과 산수가 어우러진 아름다운 경관에 공통적으로 자리하고 있다. 서원은 왜 경치 좋은 곳에 있을까? 퇴계는 서원이 입지할 최적의 장소로 '한적한 들과 고요한 물가'를 꼽은 바 있다. 그 이유는 '관학은 번화한 읍치나 성곽에 위치하여 학령에 구애받고 과거 공부에 마음을 빼앗겨 내면을 수양하는 공부에 방해가 되기 때문'이라고 하였다. 서원의 교육 목표가 관학과는 다른 데 있음을 지적한 것이다. 서원교육의 본령은 과거 공부가 아닌 '마음공부'에 있으며, 마음공부를 위한 최적의 교육 환경은 다름 이넌 심신 수양과 정서 함양에 적합한 '자연'이라는 것이다. 서원 앞쪽으로는 맑고 깨끗한 시내와 강이 흐르고, 뒤편에는 산봉우리들이 병풍처럼 둘러져 있으며, 언제라도 누각에 오르면 아름다운 산수를 감상하며 자연의 생명력과 호흡할 수 있다. 이는 단지 눈으로 보기에 경치 좋은 곳이 아니다. 자연과의 교감을 통해 자연 속 변화에 담긴 원리를 발견함으로써 내 마음의 이치와 본성을 보존하고 기르게 하려는 교육적 의도가 반영된 것이다. 여기에는 내 마음의 원리와 마음 밖 객관적 세계의 이치를 동일한 것으로 간주하는 유학의 지식관이 담겨 있다. 나아가 서원이 추구하는 배움의 궁극적인 목적은 '과거 공부나 입신출세'가 아닌 '자연과 인간'의 조화, '지식공부와 마음공부'의 통합에 있음을 반영하고 있다.

소수서원 전경, (재)세계유산 한국의 서원 통합관리센터, 사진가 오종은 제공

소수서원 취한대, (재)세계유산 한국의 서원 통합관리센터, 사진가 오종은 제공

그림 6 옥산서원 구인당, (재)세계유산 한국의 서원 통합관리센터, 사진가 오종은 제공

그림 7 옥산서원 세심대, (재)세계유산 한국의 서원 통합관리센터, 사진가 오종은 제공

그림 8 **도산서원 전경,** (재)세계유산 한국의 서원 통합관리센터, 사진가 오종은 제공

그림 9 **도산서원 시사단,** 무형유산국 국가유산청 제공

그림 10 **병산서원 전경,** (재)세계유산 한국의 서원 통합관리센터, 사진가 오종은 제공

그림 11 **병산서원 만대루,** (재)세계유산 한국의 서원 통합관리센터, 사진가 오종은 제공

서원의 공간 구성에 반영된 교육 원리

심신 수양과 정서 함양을 위한 최적의 입지에 자리한 서원 경내의 공간 구조는 제향, 강학, 유식 공간의 세 영역으로 구성되어 있었다. 각 공간에는 '존현尊賢', '장수藏修', '유식遊息'이라는 서원 특유의 철학과 교육 원리가 반영되어 있다. 주지하다시피 제향 공간은 선현의 위패를 모시고 제사 지내는 공간이다. 근대 학교에서는 찾아볼 수 없는 이 독특한 공간이 조선시대 학교의 일종인 서원마다 존재했던 이유는 과연 무엇일까? 이는 바로 교육은 반드시 '존현'에서 출발한다는 유학자들의 교육적 신념에 근거하고 있다. 이때, '존현'의 형식이 제사라면, 존현의 의미와 존현을 실천하는 구체적인 방법은 바로 '본받음'이었다. 현인의 위패를 모시고 제사 지내는 궁극적인 목적은 바로 그의 학문과 인격을 본받게 하는 데 있었다. 즉, 학교라는 공간 안에 제향 공간을 둔 것은 배움이 '본받음'에서 시작한다고 믿었기 때문이며, 학생들에게 사표師表가 될 만한 '배움의 모델'을 설정하기 위한 것이었다. 따라서 존현의 철학은 곧 '본받음'의 철학이라고 할 수 있다.

배움의 본질을 '본받음'으로 해석한 장본인은 바로 공자다. 공자는 '열 집쯤 되는 작은 고을에도 분명 나만큼 충직하고 신의 있는 자는 있겠지만, 나만큼 배우기를 좋아하는 이는 없을 것'이라며 스스로 배움을 좋아함에 있어 누구에게도 뒤처지지 않는다고 자부하였다. 또 '나는 타고난 천재는 아니지만, 다만 옛것을 좋아하여 그것을 민첩하게 구하는 사람'이라며 자신을 '호학자好學者'로 규정하였다. 그는 배움에 뜻을 둔 15세부터, 평생의 배움이 몸과 마음에 완전히 배어든 70세에 이르기까지 자신의 인생을 한마디로 '배움의 노정'으로 묘사한 바 있다. 이처럼 공자가 평생 심혈을 기울인 '배움'의 의미는 바로 '본받음'이었다. 그래서 공자는 스스로 가장 이상적 인물로 여긴 주공周公을 평생 본받고자 하였다.

이처럼 공자가 평생 심혈을 기울인 '배움'의 의미를 주희는 '본받을 효效'로 해석하면서 '배움은 어떠한 사람을 본받는 것이다. 공자와 같이 할 수 없으면 공자를 본받는 것이고, 주공과 같이 할 수 없으면 주공을 본받는 것'이라고 하였다. 곧 공자가 평생 심혈을 기울여 왔던 '배움'의 의미는 다름 아닌 '자신의 이상적 인간(聖人)과 같이 되고자 하는 것' 즉, '본받음'이었다. 이것이 유학에서 말하는 배움의 본질이자, 서원에 제향 공간을 둔 이유이다. 우리 근대 교육이 상실한, '본받음'의 철학이 구현된 제향 공간은 '제사'라는 형식적 의례만을 위한 공간이 아니라 동시에 '배움'의 공간이었다.

소수서원 **문성공묘,** 무형유산국 국가유산청 제공

소수서원 **제향 공간,** (재)세계유산 한국의 서원 통합관리센터, 사진가 오종은 제공

그림 14 도산서원 제향 공간, 무형유산국 국가유산청 제공

유생들의 학습 공간인 강당과 기숙사로 구성된 강학 공간에는 '장수藏修'의 철학과 교육 원리가 담겨 있다. 이때 '장수'는 서원에서 추구하는 배움의 의미와 방법을 함의하는 개념으로『예기』「학기」편에 나오는 말이다. 「학기」에서는 군자의 배움을 '장, 수, 식, 유藏修息遊'의 네 가지 의미로 설명한다(君子之於學也 藏焉脩焉息焉遊焉). 여기서 '장'은 '회포懷抱', 즉 '마음에 품는다'는 뜻이다. 배운 지식을 머리로만 익히는 것이 아니라 마음에 '내면화'하는 과정까지 반드시 거쳐야 함을 뜻한다. '수'는 '익힌다'는 뜻의 '습習'을 의미한다. 이때 '습'은 배운 것이 몸에 완전히 스며들고 익숙해져 습관처럼 '체화'될 때까지 반복적으로 익히는 것을 뜻한다. 유학에서는 배운 지식이 몸에 완전히 스며들어 체화되지 못한다면 이는 진정한 의미의 학습이 아니라고 보았다. 서구 근대 교육에서 '학습'은 보통 지식의 '내용적' 측면을 인지적으로 이해하는 것에 국한된 의미로 통용되지만, 유학에서 말하는 '학습'은 지식의 의미와 가치를 몸에 '체화'하고 마음에 '내면화'하는 과정까지 아우르는 것이었다. 즉, 학습의 가장 근본이 되는 것은 지식 그 자체의 인지적 습득이 아니라 지식의 의미와 가치를 '체화'하고 '내면화'하여 '행동에 옮기는 것'에 있다고 보았다.

이것이 바로『논어』학이편에 '배우고 때때로 익히면 기쁘지 않겠는가'를 가장 첫머리에 제시한 이유이다. 정자程子는 '학이 시습學而時習'에서 '습'의 의미를 '반복해서 익히는 것'으로 해석하며 다음과 같이 말했다. '습은 반복해서 익히는 것(重習)이다. 시시때때로 다시 생각하고 가슴속에 무젖게 하면 기뻐지는 것이다. 배우는 것은 장차 그것을 행하기 위함이니 반복해서 익힌다면 배운 것이 내 몸에 있다. 그러므로 기뻐지는 것이다.'

이와 같이 '장수'의 철학이 반영된 서원의 강학 공간에서 추구한 배움은 인지적 학습에 국한된 것이 아니라, 배운 지식을 몸과 마음에 완전히 내면화하고, 행동에 옮기는 것을 목표로 한 '전인적' 학습이었다. 대부분의 서원 학규들이 학습에 관한 규정뿐 아니라, 날마다 기숙사에서 벌어지는 일상생활의 도덕규범과 생활 준칙까지 상세히 규정하고 있는 것은 바로 이 때문이다. 본격적인 수업이 이루어지는 강당뿐 아니라, 학생들이 날마다 기거하고 생활하는 기숙사도 '장수'의 철학과 원리가 체현되는 교육 공간이었기 때문이다.

마지막으로, 서원에는 제향 공간과 강학 공간 외에 주변 산수와 교감할 수 있는 최적의 장소에 정자와 누각, 연못 등으로 구성된 유식 공간이 있었다. 이때 자연 속에서 휴식을 취하는 '유식'의 목적은 앞의 『예기』「학기」 편에서 상술한 바와 같이 단순히 '쉬고 노는 것'이 아닌 쉼을 통해 심신을 닦고 기르는 '배움'

그림 15 옥산서원 강학 공간, (재)세계유산 한국의 서원 통합관리센터, 사진가 오종은 제공

그림 16 병산서원 강학 공간, (재)세계유산 한국의 서원 통합관리센터, 사진가 오종은 제공

그림 17 **돈암서원 강학 공간 응도당**, (재)세계유산 한국의 서원 통합관리센터, 사진가 오종은 제공

그림 18 **돈암서원 강학 공간 응도당 편액**, (재)세계유산 한국의 서원 통합관리센터, 사진가 오종은 제공

의 한 과정으로 간주되었다. 따라서 서원에서는 활시위를 팽팽히 당긴 듯한 긴장감 속에서 경전을 읽고 수양하는 '장수'뿐 아니라, 긴장된 몸과 마음을 풀어 성정性情을 쉬며 기르는 '유식'의 과정 역시 교육 과정의 일환으로 매우 중시되었다. 그 예로, 소수서원에서는 "독서의 여가로는 설월雪月이 서로 빛을 발하고 야기夜氣가 허명虛明한 때에 함께 누정樓亭을 산보하며 시를 읊도록 한다. 이 또한 답답한 기운을 발산하고 흥취를 일으키는 데에 일조가 될 것이다"고 함으로써, 독서를 통한 '장수'의 과정뿐 아니라 정자와 누각에서 산보하고 시를 읊는 '여가와 유식'의 과정 역시 교육의 중요한 과정으로 간주하고 있다.

　서원교육이 대상으로 삼는 성리학적 지식체계에서는 '설월이 서로 빛을 발하고 야기가 허명한 때에 누정을 산보하며 느끼는 흥취'란 '독서를 통해 탐구하고자 하는 경전 속의 이치', 즉 '도'와 결코 다른 것이 아니었기 때문이다. 소수서원의 경렴정과 취한대, 탁청지와 앙고대, 도산서원의 천연대와 천광운영대, 병산서원의 만대루 등 강학과 제향을 위한 공간 외에 조선의 각 서원마다 자리하고 있는 누, 대, 정과 연못 등의 공간은 '장수'뿐 아니라 자연 속에서 성정性情을 닦고 기르는 '유식'의 교육적 의미를 잘 보여 주는, 서원 특유의 유식 공간이자 동시에 교육 공간이었다.

그림 19 **병산서원 만대루,** (재)세계유산 한국의 서원 통합관리센터, 사진가 오종은 제공

그림 20 **도동서원 수월루,** (재)세계유산 한국의 서원 통합관리센터, 사진가 오종은 제공

그림 21 **소수서원 탁청지**, 무형유산국 국가유산청 제공

그림 22 **소수서원 경렴정**, 사진 김자운

그중에서도 특히 남계서원은 장수를 위한 강학 공간과 유식 공간을 유기적으로 결합함으로써, 성리학의 교육 원리가 철저히 반영된 교육 공간을 구현하고 있다. 남계서원에서 '거경居敬'과 '집의執義'로 상징되는 장수의 공간은 곧 강당 영역이다. 강당인 명성당明誠堂은 항상 몸가짐을 바르게 하는 긴장과 공경의 공간이자 철저하게 예로 지배되는 공간이다. 반면 긴장된 몸과 마음을 풀어 내는 유식의 공간은 누각인 풍영루風詠樓, 서원 안의 연못, 그리고 기숙사인 동재와 서재 안에 누마루로 된 애련헌愛蓮軒과 영매헌咏梅軒이 있다. 지면이 높은 곳에는 온돌방을, 낮은 곳에는 누마루를 조성하여 좋은 조망을 확보함으로써, 동·서재의 공간이 외부 자연으로 연장될 수 있도록 의도한 것이다. 이 누마루를 통해서 동·서재 아래 누문 쪽으로 각각 조성되어 있는 연못의 연꽃과 주변의 매화를 감상할 수 있게 하였다. 이는 남계서원의 강학 공간 내부에 조성된 누마루가 유식 공간의 기능을 하였음을 입증한다. 이 누마루는 강학 공간 내부에 유식 공간이 유기적으로 결합된 남계서원의 독특한 공간 구성을 잘 보여 준다.

이와 같이, '장수와 유식'은 서원교육의 목표와 성격을 규정하는 중요한 개념으로 서원의 입지와 교육 공간의 구성 원리로 작동하였으며, 장수와 유식의 결합을 위한 조화로운 공간 구성

그림 23 남계서원 전경과 강당, (재)세계유산 한국의 서원 통합관리센터, 사진가 오종은 제공

남계서원 애련헌, (재)세계유산 한국의 서원 통합관리센터, 사진가 오종은 제공

애련헌에서 바라본 풍영루, (재)세계유산 한국의 서원 통합관리센터, 사진가 오종은 제공

은 서원 건축의 필수적 조건이었다. 서원에 사당을 지어 선현의 학문과 인격을 본받게 하고, 강학 공간에서 경전 속 지식을 탐구하고 체화하며, 자연 속에서 휴식을 취하며 자연의 변화에 담긴 이치와 감응하고 교감하기 위한 서원의 교육 공간은 모두 지식과 덕성, 자연과 인간, 몸과 마음의 조화와 합일을 목표로 '관계의 교육학'을 실현하기 위해 기획된 교육적 장치였다. 이는 공부가 자칫 '내 마음의 수양과 무관한 지식 습득'에만 머물지 않도록 전인적·통합적 인간 양성을 목표로 했던 서원교육의 이념이 물질적 환경으로서의 공간 구성에 구체적으로 어떻게 반영되고 있는지를 잘 보여 준다.

4

‘관계의 교육학’을
실현하기 위한
서원의 공부법

몸과 마음의 소통을 위한 공부법

어느 날 정유일이라는 제자가 사소한 집안일로 공부에 방해가 된다며 스승 퇴계에게 고민을 토로하자, 퇴계는 공부를 일상의 삶과 무관한 것으로 여기는 태도를 꾸짖으며 다음과 같이 답하였다.

"가난하여 농토를 사고파는 것은 본래 의리에 크게 손상되는 일이 아니며, 값의 고하를 따질 때에 지나친 것을 깎아 알맞은 시세에 따르려는 것도 또한 당연한 이치입니다. 다만 한 번이라도 자기를 이롭게 하고 남을

이기기 위해 부당한 이익을 취하려는 생각이 일어난다면, 이것이 곧 순임금과 도척이 분별되는 분기점인 만큼, 그 순간 반드시 재빨리 정신을 차려 의義냐 이利냐를 판별하여야 비로소 소인을 면하고 군자가 될 수 있습니다. 굳이 농토를 사지 않는 것만이 고상하다고 여겨서는 안 됩니다."

-『퇴계집』권24, 서, 「答鄭子中」

퇴계는 유학에서 공부의 최종 목표는 '일상에서 벗어나 고원한 경지에 도달'하는 것이 아니라 무의미하고 하찮아 보이는 '일상의 삶을 매 순간 조화롭게 살아 내는 것' 즉, '앎과 삶의 통합'에 있음을 강조하고 있다. 유학에서 교육의 성패는 평상시의 '마음공부'에 달려 있었다. 일상에서 맺는 모든 관계가 조화를 이루지 못할 때, 이는 곧 마음공부에 결함이 있는 것으로 간주하였고, 마음공부가 제대로 되어 있다면 일상에서 접하는 모든 일처리와 대인관계는 일어나는 순간 즉시, 저절로 순리에 맞고 조화를 이룰 수 있다고 믿었다. 여기서 '올바른 관계 맺음'의 성패를 좌우하는 기로는 바로 '마음'이다. 그 기로는 위의 예시와 같이, 농토를 사고팔 때 부당한 이익을 취하려는 욕망이 싹트는 찰나 그것을 즉시 알아차리고 포착하느냐 못 하느냐에 달려 있다. 즉, 마음은 욕망이 싹트는 찰나를 포착하는 '주체'이자 동시에 욕망이 싹트는 '공간'이기도 하다. 마음이 그 찰나를 포착할 수 있는 이유는 마음 안에 '관계의 원리(理)'가 본성(性善)으로서 이미 갖추어져 있기 때문이다. 욕망이 싹트는 순간 즉각적으로 그 원리가 작동하게 하려면 평상시에 그 원리를 보존하고 확충하여 늘 마음이 깨어 있도록 하는 훈련이 필요하다.

욕망은 몸의 감각기관이 외부의 자극과 접촉할 때 발생한다. 그런데 마음에서 욕망이 싹트는 이유는 무엇일까. 그것은 바로 '몸과 마음'이 유기적으로 연결되어 있기 때문이다. 따라서 유학에서 '마음공부'는 항상 '몸공부'와 긴밀히 결합되어 있었다. 그렇다면 서원에서 몸공부와 마음공부의 긴밀한 결합을 위한 공부는 구체적으로 어떻게 이루어졌을까? 아래 문서를 통

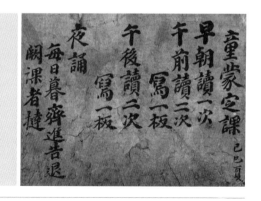

〈동몽의 하루 일과〉

이른 아침: 한 차례 독서
오전: 두 차례 독서 / 한 판 베껴 쓰기
오후: 두 차례 독서 / 한 판 베껴 쓰기
밤: 암송

그림 26 「동몽정과童蒙定課」, 강원대학교 중앙박물관 소장

19세기 화서학파의 강학에서 동몽들의 하루 일과를 규정해 놓았다. 춘천 고흥류씨 가의 고문서이다

해 그 일단을 확인할 수 있다.

위 그림은 19세기 화서학파의 강학에서 동몽들의 하루 일과를 규정한 문서이다. 동몽들은 매일 오전과 오후로 나누어 정해진 시간에 독서를 하고, 독서한 뒤에는 반드시 독서한 내용을 한 차례씩 베껴 쓰는 것이 하루의 일과였다. 여기서 독서한 내용을 '베껴 쓰는 것'이 매일 동몽들에게 부과된 매우 중요한 과제였다는 사실은 서원교육에서 '몸공부와 마음공부의 관계'에 대한 믿음을 단적으로 보여 준다. '베껴 쓰기'라는 손동작과 마음의 관계에 대해 조선 후기의 학자 이덕무는 『사소절士小節』에서 다음과 같이 말한 바 있다.

> "무릇 글이란 눈으로 보고 입으로 읽는 것이 결국은 손으로 한 번 써 보는 것만 못하다. 대개 손이 움직이면 마음이 반드시 따르는 것이므로 비록 20번을 읽어 왼다 하더라도 한 차례 힘들여 써 보는 것만 못하다."
>
> —『사소절』 권3, 사전 3, 「敎習」

이와 같이 유학에서 몸의 훈련과 검속을 강조하는 것은 오히려 '몸은 사유한다'라는 사실을 역설적으로 보여 준다. 몸의 검속이 이토록 강조되는 것은 '모든 손동작에는 사유의 요소가

들어 있으며, 모든 손일은 사유에 뿌리 박고 있다'는 믿음을 반영한다. 이를 통해 동몽교육법에 반영된 서원교육의 특질을 찾을 수 있다. 서원에서는 '발달단계에 따라 지식의 의미를 체화시키기 위한 공부법을 어떻게 달리 할 것인가'를 고민하였고, 발달단계가 낮은 동몽들에게 마음 밖의 객관적 지식과 마음을 연결해 주는 최적의 매개체를 '손동작'에서 찾은 것이다. 머릿속에 잠시 머물렀다 사라지는 단편적인 지식의 주입이나 외부에서 강제로 부과되는 맹목적인 신체 훈련이 아니라, '몸과 마음의 소통'을 통해 '집중력을 기르고 의지를 기르고 발달시키는 교육'이다. 이 의지 교육을 통해 배운 지식을 몸과 마음에 내면화하고 지식과 덕성의 결합을 체현하고자 하였다.

지식 전수와 의례의 통합

지식과 덕성의 결합을 위한 서원의 또 다른 공부법으로는 매일 학습의 과정에 수반되었던 '강학 의례'를 들 수 있다. 이는 서원교육의 가치와 덕목을 체험적으로 학습시키기 위한 장치의 하나였다. 다산 정약용은 목민심서에서 '옛날의 이른바 학교는 예禮를 익히고 악樂을 익히는 곳이었다. 그런데 지금은 예도 무너지고 악도 무너져서 학교의 교육은 독서에 그치고 있을 뿐이다'라며 '예악'을 상실한 당시 교육을 비판한 바 있다. 독서를 통한 '지식 전수'와 '예악'을 통한 전인적 성장은 예부터 유학 교육의 두 축을 담당하고 있었다. 그런데 서원에서는 비록 '악' 교육은 사라졌지만 독서를 통한 지식의 전수와 의례를 통한 교육이 유기적으로 통합되어 있었다. 여기서 '의례'란 제향 의례가 아닌 '강학' 절차 안에서 문자를 매개로 한 지식 전수뿐 아니라 다양한 '강학 의례'들이 통합적으로 시행되었음을 뜻한다. '강학

그림 27 도산서원 정읍례, (재)세계유산 한국의 서원 통합관리센터, 사진가 오종은 제공

의례'의 예로는 정읍례庭揖禮와 상읍례相揖禮, 경독敬讀, 수창시酬唱詩 등이 있다.

그중 정읍례와 상읍례는 매일 아침 공부를 시작하기 전 강당 앞마당에 도열하여 스승과 학생들이 서로 인사를 주고받으며 읍양과 상호존중의 예를 익히는 절차로 경건한 분위기와 매우 까다로운 격식 속에서 수행되었다. 엄격히 규범화된 행위절차에 참여하여 직접 보고, 듣고, 느끼고, 흥기하는 것을 통해 학문 행위에 대한 경건한 태도, 스승과 동학에 대한 '상호존중'의 정신을 '체험적'으로 습득하고 '관계를 훈련'하는 공부법이라고 할 수 있다. 이때, '상호존중과 관계'의 훈련을 위한 절차는 '스승 존중'만을 위한 일방적, 수직적인 것이 아닌 '상호적' 의례라는 점에 주목할 필요가 있다. 스승도 학생들에게 읍양의 예를 행함으로써 '학생 존중'의 태도와 정신을 배우고, 학생들 각자는 내면에 진리를 담지한 독립적 인격체로, 예우하고 존중받아 마땅한 대상임을 반복적으로 인식하고 확인하는 의미가 있었다.

정읍례 직후에는 '경독敬讀'이 시행되었다. 경독은 매일 아침 본격적인 학습이 시작되기 전에 서원의 강학 이념과 공부법의 핵심을 제시한 글을, 제생 중 글 잘 읽는 한 사람으로 하여금 큰 소리로 성독하게 하면 나머지 제생은 경건히 앉아서 듣도록 하는 강학 의식이었다. 따라서 학파별로 지향했던 공부론의 차이에 따라 경독의 텍스트 역시 차이가 있었다. 남인계 서원에서는 주로 주자의 「백록동규」와 퇴계의 「이산원규」를 경독의 교재로 활용하였다. 이는 각각 주자와 퇴계가 지은 백록동서원과 이산서원의 학규로, '도학의 탐구와 실천'이라는 서원 강학의 목적, 이를 위한 독서의 방법과 공부론의 요체 및 주자와 퇴계의 서원 교육관이 핵심적으로 반영된 글이었기 때문이다.

서원에서는 매일 아침 본격적인 학습을 시작하기에 앞서 유생들에게 이를 날마다 반복하여 경독하게 함으로써, 강학의 의미와 목적을 내면화하고, 이를 실천하기 위한 독서법과 공부론을 체득시키고자 하였다. 특히, 서원 강학의 목적과 학문하는 방법을 체계적으로 제시하고, 규칙이나 금지 조항으로 유생들을 강제하거나 억압하는 대신 유생들의 자율성 보장을 강조한 「백록동규」는 서원교육의 전범으로 인식되어 남인계 서원뿐 아니라 조선의 거의 모든 서원에서 이를 수용하여 경독의 교재로 삼거나 유생들이 늘 바라보고 마음에 새길 수 있도록 편액으로 제작하여 강당 벽에 게시함으로써 서원 강학의 지침으로 활용하였다.

소수서원에서는 「백록동규」와 「이산원규」 외에 일상의 시공간에서 경敬의 공부법을 제시한 「경재잠敬齋箴」과 「숙흥야매잠夙興夜寐箴」을 경독의 교재로 활용하였다. 한편, 서인계 서원에서는「학교모범學校模範」과『격몽요결擊蒙要訣』,「은병정사학규隱屛精舍學規」등 주로 율곡의 텍스트를 경독 교재로 활용하였다. 예를 들면, 석실서원에서는「백록동규」와「학교모범」을, 심곡서원에서는「백록동규」와「은병정사학규」,「은병정사약속」을, 박세채의 남계서당에서는「백록동규」와「경재잠」및 율곡의 격몽요결 중에서 박세채가 직접 공부론의 요체를 뽑아 정리한「격몽요결위학도擊蒙要訣爲學圖」를 벽에 걸어 두고 경독 교재로 삼았다.

또한 화서학파의 강회에서는『격몽요결』중에서도 특히「혁구습장革舊習章」을 매일 경독하였다. 이는 퇴계학파의 공부론이 심학적 차원의 공부에 무게중심을 둔 데 반해, 현실 공부에서 기질과 습관의 변화를 강조하는 '교기질矯氣質'에 초점을 둔 율곡학파 공부론의 특색을 잘 드러내는 텍스트였기 때문이다. 이처럼 서원에서 활용된 경독 교재의 차이는 각 학파별로 서원이 지향했던 공부론의 미묘한 차이를 드러낸다. 이는 한편으로 당색이나 학맥에 따라 관습적으로 규정되는 경향이 없지 않았으나, 이들 교재가 매일의 경독에서 실제로 활용되고 있었다는 사실은 학파별 공부론의 차이가 서원의 교육 실제를 통해 어떻게 계승되고 있었는지를 실증적으로 보여 주는 좋은 사례이다.

서원 강회가 파하는 마지막 날 행해진 강학 의례로는 '수창시' 짓기가 있다. 강회를 마치는 날 원장이나 원임이 운자를 내면 유생들이 그동안 강학하면서 느낀 소회 및 배움의 성과를 담아 다함께 돌아가며 수창시를 짓고 이를 반드시 기록에 남기는 관행이었다. 나와 타인, 선배와 후배 사이 배움의 성과를 함께 공유하고 학문공동체의 결속을 다지는 의미가 있었다. 이는 다음 절에서 좀 더 상세히 소개하고자 한다.

'호혜적 관계'를 위한 공부법

한편, 앎과 삶의 통합, 지식과 덕성의 결합을 위한 공부를 왜 혼자서 하지 않고 서원에 집단적으로 모여서 해야 할까? 이에 대해 주희는 '진리(理)는 비록 밝지만 인심人心이 물욕에 가려져 그것을 알지 못하므로 군자는 반드시 스승을 높이고 벗을 가까이 해야한다'고 하였고, 주돈이는 '사람이면서 지극히 얻기 어려운 것이 자신에게 있다는 것을 깨우치는 것은 스승과 벗의 도움이 없으면 불가능하다'고 하였다. 배움에 스승과 벗이 반드시 필요한 이유가 바로 여기에 있다. 첫째, 현실태로서 인간의 마음(人心)은 사욕에 가려져 내 안에 우주의 진리가 있다는 사실을 깨우치는 것은 누군가에게 배우지 않고서는 불가능하기 때문이다. 둘째, 서원교육이 목표로 하는 '마음이 외부 세계와 접촉

하는 순간 일일이 노력하지 않아도 모든 일처리와 대인 관계가 한 치의 어긋남도 없이 절로 조화를 이루는' 경지는 내 마음에서 사사로운 욕망을 완전히 제거할 때에만 가능한 지난한 노정이었기 때문이다. 이는 엄청난 고통과 초인적인 수행을 필요로 하는 지난한 노정이기에 서로를 감발시키는 스승과 벗의 도움 없이는 불가능했다.

따라서 서원에서 함께 모여 공부하는(群居講學) 이유는 바로 '서로를 감발시키는 스승과 벗의 도움'을 얻고자 함이었다. 즉, 학문 공동체를 통한 '호혜적 배움'의 실현이 그 목표였다. '군거강학'의 의미와 이유를 서원에서는 '이택관선麗澤觀善' 혹은 '이택상자麗澤相滋'로 표현하며 다음과 같이 설명하고 있다.

> "거재에서 여럿이 함께 생활하는 것은 오로지 독서만 일삼기 위한 것이 아니다. 거재의 목적은 요컨대, '이택관선麗澤觀善'하여 심신을 일깨우는 데 있다."
>
> - 1749년 소수서원 「거재절목」

> "입지立志와 존심存心은 비록 타인을 바라보기만 해서 이룰 수 있는 것이 아니지만 '이택麗澤의 힘'을 통해서 점차 아름다운 경지에 들어갈 수 있으니, 서원의 설립은 구

차한 것이 아니라 장수藏修하여 서로 인仁을 돕는 그 실
상을 보고자 함이다. 바라건대, 제현들은 비록 항상 모
일 수는 없으나 매월 초하루에는 반드시 모여 5, 6일간
정해진 책을 통독通讀하고 의리를 실제로 강론하여 이
실질의 배움을 잊지 말라."

　　　　　　　－『율곡전서』 권15, 잡저, 「示精舍學徒」

"각자 서재에 흩어져 개별 독서만 하고 서로 모이는 때
가 없다면 '이택상자麗澤相滋'의 즐거움이 없을 것이다."

　　　　　　　－『명재유고』 권30, 잡저, 「示敬勝齋諸生」

　여기서 '이택麗澤'이란 '호혜적 배움'을 상징하는 용어로『주
역』에서 따온 것이다. 『주역』 '태兌' 괘에 따르면, "붙어 있는 택澤
이 태兌이니, 군자가 보고서 붕우들과 강습한다" 하였고, 그 해
석에는 "두 연못이 서로 붙어 있어 서로를 적셔 주니, 서로 유익
함이 있는 상象이다. 그러므로 군자가 그 상을 보고서 붕우들과
강습하니, 붕우들과 강습함은 서로 유익하게 하는 것이다"라고
하였다. 즉, 서원에서 집단적으로 모여 공부하는 이유는 스승과
벗을 통해 서로 유익을 끼치는 진정한 학문공동체 형성, 즉 '호
혜적 배움'의 실현에 있었다. '이택관선'에서 '관선'이란 가려져

있던 내 마음의 선한 본성을 마주하는 것이다. 내 마음의 선한 본성을 회복하는 데 스승과 벗이 주는 효과는 다름 아닌 '감발感發'에 있다. 즉, 서원에 모여 공부하는 가장 중요한 이유는 단지 '지식의 전수'가 아니라 '서로를 감발'시키는 데 있었다.

서로를 감발시키는 '호혜적 배움'의 실현을 위해 서원에서 가장 심혈을 기울인 공부법이 바로 '강회'와 '통독通讀'이었다. 서원에서는 학습자들의 개인차를 철저히 존중하는 동시에 '이택관선'의 실현을 위해 개별학습과 공동학습이라는 두 가지 교육 방법을 병행하였다. 강회와 통독은 그중 공동학습에 해당하는 대표적인 방법이다. 강회나 통독은 연령이나 학문의 수준차를 막론하고 모든 유생이 한자리에 모여 정해진 텍스트를 함께 강독하며 자유로운 문답과 토론을 통해 서로의 학문적 통찰과 안목을 배우고 소통함으로써 '이택관선'을 실현할 수 있는 매우 효과적인 장치였기 때문이다. 또한 강회가 열릴 때마다 강회에서 이루어진 토론과 문답의 전말을 상세히 기록한 '강회록'을 반드시 남기도록 하였다. 이렇게 남긴 강회록은 부득이한 사정으로 해당 강회에 참여하지 못한 학생들에게도 간접적인 학습 참여 기회를 제공하고, 먼 훗날의 후학들은 수십, 수백 년 전 선배들의 배움의 성과를 공유하는 등 호혜적 배움을 실현하는 도구로 활용되었다.

『여강기문록』, 1765년 호계서원의 강회록, 한국국학진흥원 제공

　　학습자들의 개인차를 철저하게 존중한 개별학습은 개인별 수준과 연령에 따라 교재와 진도, 평가 방식까지 달리하며, 자발적으로 수행되는 철저한 개별학습 과정이었다. 이는 개인차를 고려하지 않고 모든 학습자에게 표준화된 교육 과정과 표준화된 학습 속도를 획일적으로 부과하는 근대 교육과 차별화되는 매우 의미 있는 지점이다. 아래 그림은 소수서원에서 시행된 개별학습에 대한 기록이다.

　　그림에 보이듯, 유생들이 개별적으로 학습한 서책은 소학에

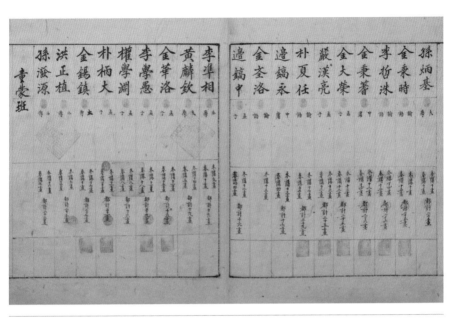

그림 29 「소수서원삭망강도목」, 소수서원 개별학습에 대한 기록, 소수박물관 소장

서부터 논어, 맹자, 중용에 이르기까지 매우 다양하다. 특히, 나이 어린 동몽들은 소학, 통감, 사략 등 비교적 수월한 책을 공부하고 있다. 개별학습 과정에서는 이처럼 학습자마다 자기 수준에 맞는 교재를 각자 정하여 공부한 뒤 종강일에 개별 독서의 결과를 평가하였다. 평가에서 합격하지 못한 경우에는 다음 강학이 개설될 때까지 충분히 복습하게 하여 다시 평가하고 반드시 통과한 뒤에 다음 진도를 나가도록 하였다. 평가 방식에서도 학습 능력과 암송 능력이 충분한 젊은 유생들에게는 교재를 보지 않고 암송(背誦)하게 하고, 나이 많은 학습자에게는 교재를

보고 강독(臨講)하게 함으로써 역시 획일적인 평가가 아닌, 연령과 개인차를 고려한 평가가 이루어졌다.

마지막으로, '강학 의례'의 하나로 위에서 언급했던, '시 짓기'로 갈무리되는 서원 강회의 마지막 절차 역시 호혜적 배움의 실현을 위한 한 방법이었다. 서원 강회가 파하는 마지막 날에 먼저 스승이 운자韻字를 내면 유생들이 그동안 강학하면서 느낀 소회 및 배움의 성과, 공부의 뜻과 포부 등을 담아 다함께 돌아가며 수창시를 짓고 이를 기록으로 남겼다. 18세기 소수서원 거재록과, 18세기 역동서원의 심경 강회에 대한 기록 등에서 이를 확인할 수 있다.

그중 18세기 소수서원 강회에서 원장 황경黃檄이 지은 수창시 일부를 소개하면 다음과 같다.

가정 임인년에 서원 이루어져
네 글자 하사한 편액 이름도 찬란하네
글공부 경건하게 선현을 본받아야 하고
학문이란 본래 부귀영화 위함이 아니라네
유학을 일으키고 도道 보위한 기풍 얼마나 아득한가
인의를 행하면 즐거움이 그 속에서 나온다네
참된 도의 근원 쉬지 않는 이치 살피니

경렴정 아래 시냇물 소리 새롭게 들려오네

- 1762년 소수서원 「거재잡록」

그는 강학의 목적이 부귀영화를 위한 것이 아니라, 선현을 본받아 도를 지키는 데 있음을 말하고 있다. '선현을 본받고 도를 지키는 일'이란 보통 사람이 닿을 수 없는 아득한 곳에 있는 것이 아니라, 지금 여기에서 인의를 행하면 즉시 즐거움이 그 속에서 나오고, '학문을 통해 찾아야 할 도' 역시 멀리 있는 것이 아니라 바로 눈앞의 경렴정 아래 죽계천에서 쉬지 않고 도도히 흐르는 시냇물의 이치와 같은 것임을 말함으로써, 학문의 목적이 일상의 실천과 눈앞에 핍진한 자연의 섭리를 벗어나지 않음을 깨우쳐 주고 있다.

이처럼 강회에 수반된 마지막 의식으로 수창시를 짓는 관행은 16세기 퇴계가 도산서당과 역동서원 등에서 강회를 주관하던 무렵 시작된 것으로 보인다. 1787년(정조 11) 12월에 있었던 역동서원 심경心經 강회의 기록에 따르면, '강회의 마지막에 수창시를 짓고 기록에 남기는 전통이 오래전부터 지속되어 왔으며, 이는 후학들이 선배들의 학문과 유업을 계승하는 좋은 계기가 된다'고 기록하고 있다. 또한 '선배들이 남긴 시를 읽는 가운데 다시금 유교적 유풍을 깨닫고 회고와 추모의 정을 일으키게 되며 정신적 각성을 일으키게 하는 바탕이 된다'는 점을 강조하고 있다. 이어 과거 퇴계가 역동서원에서 강회를 연 뒤 남긴 시에서 운자를 내어 다함께 수창시를 짓고 이를 기록에 남겼다. 여기서 '수창시를 지어 기록에 남기는 오래된 전통'이란, 퇴계가 16세기에 역동서원 강회를 열었을 때 수창시를 지은 일을 말한다. 이것이 고사가 되어 이후 강회의 마지막 절차에 수창시를 주고받는 관례가 후학들에 의해 계승되었고, 조선 후기에 이르러 서원 강회에 필수적으로 수반되는 강학 의례의 일종으로 정착되기 시작하였다.

이처럼 강회의 마지막 절차가 평가나 시험이 아닌, 강회에서 느낀 소회와 배움의 성과를 서로 공유하고 권면하며 스승과 학생이 함께하는 '시 짓기'로 갈무리된다는 사실은, 근대 교육이 결하고 있는, 서원교육만의 고유하고도 특별한 목표와 함의를 잘 드러내 주는 의미 있는 대목이다. 또 이를 반드시 기록으로 남긴 것은 매우 중요한 교육적 의미를 지니고 있다. 기록을 통해 자신의 성과뿐 아니라 강회에 함께 참여했던 타인들의 배움의 성과까지 공유함으로써 서로를 감발시키고 능동적 학습을 장려하는 효과가 있었기 때문이다. 동시에 후학들 입장에서는 수십, 수백 년 전 선배들의 배움의 성과를 공유함으로써 선배들의 학문을 계승하고 성리학의 유풍을 진작시키는 생생한 동력이 될 수 있었다. 즉, 강회의 마지막 절차로 수창시를 짓고 기록에 남기는 관례 역시 '호혜적 배움'을 실현하는 매우 효과적인 한 장치였다고 볼 수 있다.

5

서원에서 이루어진
다양한 교육 활동과
유생들의 하루 일과

서원에서 이루어진 다양한 교육 활동

서원에서 이루어진 교육 활동은 크게 '도학'을 목적으로 한 활동과 '과업'을 목적으로 한 활동으로 나눌 수 있다. 앞의 4장에서 소개한 강회와 통독, 강학 의례 등은 모두 '도학'에 해당하는 교육 활동이라고 할 수 있다. 서원에서는 '도학' 외에 2장에서 상술한 바와 같이, '과업'(과거 공부)을 위한 교육도 병행하였다. 도학을 목적으로 한 교육 활동으로는 거재居齋, 강회講會, 통독通讀이, 과거 대비를 목적으로 한 교육 활동으로는 거접居接, 순제旬製 혹은 旬題, 백일장이 있었다. 거접, 백일장, 순제에서는 '과거 대비'라는 목적하에, 과거시험 과목 중 제술 과목에 해당하는 '시詩·부賦·의疑·의義·책策'의 답안 작성 훈련과 평가가 이루어졌다. 거재, 통독, 강회에서는 '도학의 탐구와 실천'을 목적으로 개별 독서 및 일종의 집단 세미나에 해당하는 강회, 통독이 병행되었다.

도학과 과업의 두 가지 활동은 대개 계절별로 농번기와 농한기를 구별하여 개설함으로써 서원교육의 우선순위가 어디에 있었는지를 분명히 드러내고자 하였다. "가을과 겨울이면 거재와 통독을, 봄과 여름이면 백일장과 거접을 개설한다"고 하여 비교적 여유가 있는 농한기에는 서원 본래의 교육 활동인 도학에 침잠, 몰두하도록 하고, 농번기인 봄과 여름에는 서원의 부차적 교육 활동인 과거 공부에 종사하도록 함으로써 서원교육의 우선순위를 구별하였다. 동시에 과거시험이 있는 해나 상식년(과거시험 한 해 전)에는 거재, 강회, 통독보다는 과거 대비를 위한 거접, 순제, 백일장을 집중적으로 개설함으로써 서원 유생들의 과거 대비를 효율적으로 지원하고자 하였다.

개설 기간을 기준으로 분류하면 거재, 통독, 강회, 거접은 비교적 장기간에 걸쳐 개설되었으며 개설 기간 중 대개 서원에서 직접 숙식을 제공하였으므로 비용이 많이 들었다. 따라서 거재, 통독, 강회, 거접의 개설에 따른 세부사항은 각 서원의 경제적 형편에 크게 의존할 수밖에 없었고 각 서원의 사정에 따라 수

용 가능한 유생의 규모와 운영 기간을 그때그때 달리했으며 보통 짧게는 며칠부터 길게는 수개월에 걸쳐 개설하였다. 그러나 사계절에 걸쳐 수시로 형편에 따라 개설되던 거재는 조선 후기로 가면서 서원의 폭증과 함께 각 서원의 경제 기반이 약화됨에 따라 1년에 한두 차례 개설하기도 어려운 지경이 되었다. 게다가 흉년이 들면 몇 년씩 거재를 개설하지 못하는 상황이 발생하기도 하였다. 그 결과 18세기 무렵에 이르면 음력 10월에서 12월까지 겨울 3개월 동안만 시행하는 '삼동거재三冬居齋'라는 새로운 용어가 등장하였다. 삼동거재 내에서도 한정된 예산으로 보다 많은 유생들에게 교육 기회를 제공하기 위해 모든 유생이 3개월 내내 참여하는 것이 아니라, 3개월 중 보름에서 한 달 정도 일정 기간 및 인원을 한정하여(보통 10-20명) 조를 짜고 번갈아 들면서 참여하는 '윤번거재輪番居齋' 방식이 시행되었다.

반면, 순제와 백일장은 당일로 개설되는 일회성 활동으로 거재나 거접에 비하면 거의 비용이 들지 않았다. 둘의 차이는, 백일장은 정해진 날짜와 시간에 참가자들이 모이면 현장에서 시험문제를 출제하고 당일에 답안지를 걷어 채점과 시상까지 모든 과정이 하루만에 이루어졌다. 반면, 순제는 시험문제를 며칠 전에 미리 출제하여 공지하면 정해진 기일까지 각자 작성해서 답안지만 제출하는 방식이었다. 작성 기간이 넉넉하였기 때문에 제술 과목 중 여러 문체를 동시에 훈련할 수 있었고 대개 백일장보다 훨씬 많은 수의 문제가 출제되었다. 또한 장소를 제 공해야 하는 부담이나 참여자의 인원수에 구애받을 필요가 없 었으므로 백일장보다 훨씬 많은 유생이 참여할 수 있었다. 그중 거재와 거접의 절차 및 유생들의 하루 일과를 좀 더 상세히 살 펴보자.

'거재'의 절차와 유생의 하루 일과

거재, 강회, 통독 등 강학이 개설되기 위한 예비 절차는 임 원회의로부터 시작되었다. 해마다 봄, 가을로 춘추향사를 마친 뒤 열린 임원회의에서 빠짐없이 등장하는 가장 중요한 화두 중 하나는 바로 '어떻게 예산을 마련하여 한 차례라도 더 강학을 개설할 수 있을까' 하는 것이었다. 재정난으로 강학을 개설하 지 못하는 상황이 일정 기간 지속되면, 서원의 지도자들은 으레 '서원을 설립한 본의는 강학에 있는데, 강학이 폐지된다면 서원 이 없는 것이나 마찬가지'라고 개탄하며 강학이 폐지되지 않도 록 하기 위해 온갖 방책을 부단히 강구하였다. 조선 후기로 가 면서 강학이 중단되는 사태가 점차 빈번해지자, 많은 서원은 다른 것은 생각하지 말고 서원 예산 중 강학을 무엇보다 우선순위에 두어야 한다며 서원 소유 전답의 일부를 떼어 안정적인 재원을 확보, 관리하기 위한 강학 재정 전담 기구를 설치하기도 하였다. 이조차 여의치 않을 때는 원장이나 원임들이 자발적으로 개인 재산을 출연하거나 지방관의 지원을 끌어냄으로써 어떻게든 강학을 지속하고자 노력하였다.

이렇게 예산이 마련되면 예산 규모에 따라 임원회의에서 거재 기간과 개강일, 참여 유생의 규모 등을 정한 뒤 각 면의 서당과 동네에 통문을 보내 알리고 참여 가능한 유생들의 명단을 받아 서원에서 거재에 참여시킬 유생을 직접 선발하였다. 서원의 재정 형편에 따라 거재 기간과 유생의 규모가 조금씩 달라졌기 때문에 거재를 개설할 때마다 운영을 위한 세부 규칙에 해당하는 '거재절목'을 그때그때 작성하였다. 선발은 대개 15세 이상의 동몽, 40세 이하의 유생 중에서 학문에 뜻을 두고 독서하는 자, 총명하여 문리가 통한 자 등을 기준으로 하였다.

개강일에 유생들이 모두 모이면 본격적으로 강학을 시작하기에 앞서 강당 뜰에서 정읍례를 행하였다. 정읍례란 앞 장에서 언급한 바와 같이, 스승과 유생들 사이에 상호존중의 정신을 익히고 읍양의 예를 행하는 것으로 매우 엄격하고 경건한 분위기 속에서 시행되었다. 이 과정에 참여하여 직접 보고, 듣고, 느

낌으로써 유생들은 스승에 대한 존숭뿐 아니라 학문행위에 대한 경건한 태도를 자연스레 습득하며 서원교육이 추구하는 궁극적 가치와 덕목을 머리가 아닌 몸과 마음으로 체득할 수 있었다. 그중 소수서원의 정읍례 홀기에 규정된 정읍례의 절차를 간략히 요약하면 다음과 같다.

- 먼저, 정읍례를 행하기 전에 당일 모인 사람들의 명단을 작성하여 동서 두 대열로 나누고 대열별로 당장堂長, 부당장副堂長, 조사曹司를 선출한다.
- 다음으로 집례執禮가 동서창東西唱을 인도하여 먼저 명륜당 뜰 안으로 들어가 선생에게 인사한다.
- 그 뒤, 당장이 각 대열을 이끌고 뜰 안으로 입장하고, 동서 조사가 부당장에게 읍하면 부당장이 답례한다.
- 다음으로 동편 부당장이 선생에게 거안을 올리면 동서 대열이 선생에게 인사한다.
- 다시, 동서 대열이 모두 돌아 서로 마주 보고 서면, 동서 조사가 부당장 앞에 나아가 서립序立하였음을 고하고 부당장은 답례한다.
- 다음으로 제생끼리 상읍례를 행하고, 집례와 동서창도 뜰 중앙에 이르러 마주 보고 상읍한 뒤 퇴장함으로

써 모든 절차가 마무리된다.

거재 기간 중 유생의 하루 일과는 대개 〈기상-식전 독서-상
읍례-조식-경독-알묘-개별독서-통독 혹은 강회-제술-귀가
전 개별 독서에 대한 평가-종강 시 수창시/향사례, 향음주례〉
의 순서로 이루어졌다. 아침 일찍 일어나 세수하고 머리 빗고
의관을 갖추고 단정하게 앉아 책을 읽다가 북소리가 세 번 울리
면 건복巾服 차림으로 강당에 올라 상읍례를 행하였다. 상읍례
후 차례대로 앉아 식사를 마치면, 「백록동규」, 「이산원규」, 「은
병정사학규」 등 서원의 교육 목표와 방향을 제시한 짤막한 글
을 경독하였다.

경독이 끝나면 사당에 알묘한 뒤 각자 거처하는 기숙사로
돌아가 개별 독서를 하였다. 이 때 개별 독서의 교재는 앞에서
언급한 바와 같이, 각자의 학문 수준과 연령에 따라 차이가 있
었다. 개별 독서에 대한 평가는 보통 거재, 강회, 통독을 마치
는 파재일에 시행하거나 윤번거재의 경우 귀가일에 시행하였
고, 한 사람이 수개월간 거재하는 경우에는 1개월에 한 차례씩
시행하기도 하였다. 평가 등급은 보통 '우수(通)-약간 부족하지
만 통과(略)-부족(粗)-불합격(不 혹은 不通)의 4등급으로 구별되었
다. 평가에서 합격의 기준은 서원에 따라 약간의 차이가 있었는

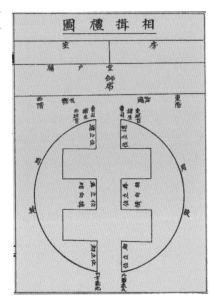

그림 30 「필암서원 상읍례도」, 한국학
중앙연구원 장서각 소장

데 보통 '조' 혹은 '약' 이상이면 통과시켰다. 평가 결과는 '고강 단자'라고 불리는 문서에 별도로 기록하기도 하고, 강회와 통독 에서 주고받은 토론과 문답내용을 기록하는 강회록에 개별 독 서에 대한 평가 기록을 함께 남기기도 하였다. 평가에서 통과하 지 못한 경우에는 다음 달 혹은 다음 강학이 개설될 때 충분히 복습하여 다시 평가하고 반드시 통과한 뒤에 다음 진도를 나가 도록 하였다. 평가 방식에서도 학습 능력과 암송 능력이 충분한 나이 어린 유생들에게는 교재를 보지 않고 암송(背誦)하게 하고, 나이 많은 학습자에게는 교재를 보고 강독(臨講)하게 함으로써

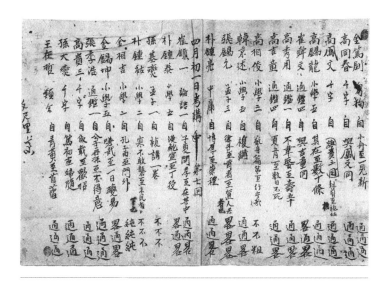

「고강단자」, 개별 독서에 대한 평가 기록, 전북대학교박물관 소장

역시 획일적인 평가가 아닌, 연령과 개인차를 고려한 평가가 이루어졌다.

위 문서는 개별 독서에 대한 세 차례의 평가 기록을 한 번에 기록한 고강단자이다. 그중 소학과 맹자를 강독한 두 명의 유생은 세 차례의 평가에서 모두 '불합격(不)'을 받았다. 따라서 이 둘은 다음 강회 때 다음 장의 진도를 나가지 못하고 이전에 공부한 부분을 다시 복습해야 했을 것이다.

개별 독서 후 정해진 시간이 되면 연령과 학문 수준이 각기 다른 유생들이 강당에 모두 모여 책 한 권을 정해 다함께 강독,

심층적으로 토론하는 통독 혹은 강회가 이루어졌다. 통독 혹은 강회는 '도학의 탐구와 실천', '호혜적 배움의 실현'이라는 서원 교육의 이념을 실천하는 중요한 방법적 장치로 서원의 여러 교육 활동 중에서도 가장 중시된 활동이었다. 강회와 통독은 서원 교육 이념을 구현하는 방법적 장치인 동시에 내용적으로는 조선 성리학의 다양한 학파 탄생 및 계승, 분화, 발전에 기여한 중요한 매개체로 작용하였다. 조선 후기 남인계 서원에서 주요 통독 교재로 활용한 퇴계의 『주자서절요』, 서인계 서원에서 활용한 율곡의 『성학집요』, 우암의 『기축봉사己丑封事』를 통독한 화서학파의 강회 등은 강회와 통독이 자파의 학설을 계승하는 중요한 장치로 활용되었음을 보여 준다.

한편, 통독이나 강회에서 가장 심혈을 기울인 일 중 하나는 바로 유능한 스승을 초빙하는 일이었다. 강회의 수준은 스승의 학문적인 능력에 비례하기 때문이다. 이에 실력과 덕망을 고루 갖춘 영향력 있는 인물이 강회를 개최할 때면 전국 각지에서 문인들이 몰려들어 스승의 학문을 배우고 다시 고향으로 돌아가 이를 계승, 전파하였다. 그 결과 서원은 조선 후기에 이르러 다양한 문인집단과 학파 탄생의 근거지가 될 수 있었다.

강회나 거재의 마지막 날에는 향사례와 향음주례를 시행하기도 하였다. 죽림서원의 경우에는 '거재를 파하는 날에 향사례와 향음주례를 행하여 젊은이들과 나이 어린 유생들로 하여금 고례古禮를 익히도록 해야 한다'고 하여 아예 파재 시의 절차에 향음주례를 공식적으로 규정하기도 하였다. 또 19세기 소수서원에서도 강회 마지막 날에 향음주례를 시행했다는 기록이 있다.

향사례와 향음주례는 본래 선진先秦 시기부터 고대 학교에서 시행된 의례들이다. 죽림서원 절목에서 이른바 '고례'란 바로 이것을 뜻한다. 다산 정약용은 '옛날의 이른바 학교는 예를 익히고 악을 익히는 곳이었다. 그런데 지금은 예도 무너지고 악도 무너져서 학교의 교육은 독서에 그치고 있을 뿐이다'라고 예악을 상실한 당시 학교 교육을 비판하며 예악의 기능을 회복할 방안을 제시한 바 있다. 즉, 독서와 함께 예악을 익히는 것은 본래 학교 교육의 핵심을 이루는 두 축이었고, 고대 학교에서 향사례와 향음주례 등의 의례를 시행한 것은 예악을 가르치는 전형적인 하나의 방법이었다. 소수서원에서 격식을 갖춘 정읍례의 절차를 홀기에 엄격히 규정하고, 석실서원에서 강회에 수반되는 까다로운 의식 절차를 강회의절에 상세히 규정하며, 죽림서원절목에서 향사례와 향음주례를 강회의 한 절차로 공식화한 것은 모두 독서나 문자를 매개로 한 지식의 전수뿐 아니라 도의道義를 중시하고 예양禮讓을 숭상하는 법을 배워 유자로서의 예를 익히고 실천하는 '교이예악敎以禮樂'의 실천에 서원교육의 또 다른 목적이 있었음을 보여 준다.

마지막으로 거재의 전 과정을 파하는 파재일의 마지막 절차는 언제나 '수창시' 짓기로 마무리되었다. 원장이나 원임이 운자를 내면 유생들이 거재 중 강학하면서 느낀 소회 및 배움의 성과, 학문적 뜻과 포부 등을 담아 다함께 돌아가며 수창시를 짓고 이를 반드시 기록에 남겼다.

조선 서원은 보통 제향 공간과 강학 공간을 중심으로 크게 '의례와 교육'의 두 가지 기능을 한 것으로 이해된다. 그러나 이상에서 검토한 바와 같이 서원 강학 절차 내부에서도 문자를 매개로 한 지식의 전수뿐 아니라 다단한 의례들이 긴밀하게 통합된 채로 이루어졌음에 주목할 필요가 있다. 경독, 정읍례, 상읍례, 통독, 강회, 수창시, 향사례, 향음주례와 같은 강학 의례는 서원 강학의 목적이 단지 문자 지식의 전수에 그치는 것이 아니라, 몸과 마음, 지식과 덕성, 나와 타자 등의 관계를 훈련하는 전인적 교육에 목적이 있었음을 보여 준다. 이는 제향 의례와는 그 성격이 다르지만, 서원교육이 추구했던 '관계의 교육학'의 이상을 실현하는 과정이자 중요한 매개체로 작동하였다.

'거접'의 절차와 유생의 하루 일과

'거접'은 고려시대 '하과夏課'에서 유래한 것으로, 유생들이 일정 기간 집단으로 유숙하며 과거 대비 제술 교육을 집중적으로 행하는 것을 말한다. 하과란 고려시대에 매년 여름철 더위를 피해 조용하고 청량한 산사나 누대에 모여 시부詩賦와 제술을 겨루던 일종의 하계학교다. 처음에 최충의 문헌공도에서 시작되었는데, '무릇 과거를 보려는 자는 반드시 먼저 최충의 도徒에 들어가 배워야 한다'는 말이 생길 정도로 과거시험에 엄청난 성과를 올리자 나중에 12도 전체로 확산되었다. 대체로 음력 6월에 고을의 이름난 유생들과 어른들을 초청하여 개접례로 시작하여 동서접東西接으로 편을 짜서 우열을 경쟁하였으며 가을철에 접어들면 파하였다. 이 하과의 풍속이 뒷날 서원의 거접으로 전승되었다.

거접의 개설 역시 먼저 임원회의를 거쳐 예산을 확보한 뒤 거접 기간과 개접일을 확정하고 거접에 참여할 유생을 선발하였다. 거접 유생의 선발은 거재 유생과 같은 방식으로 각 면 서당과 동네에 통문을 발송하여 선발하기도 하고, 거접에 앞서 먼저 백일장을 개설한 뒤 그중 성적 우수자를 뽑아 거접에 참여시키기도 하였다. 거접에서 유생들의 하루 일과는 매일 한 편에서

많게는 두 편의 과거시험 답안지를 종일 작성하여 정해진 시간 안에 제출하는 것이 하루 일과의 전부를 차지하였다. 제술 과목인 시, 부, 의, 의, 책 중에서도 주로 시와 부의 답안 작성을 집중적으로 훈련하였는데, 한 편의 답안을 작성하는 데에 매우 많은 시간이 소요되기 때문이다. 개접일에는 우선 매일 정해진 시간에 유생들의 답안지를 한꺼번에 거두어 제출할 접유사를 유생 중 가장 나이 어린 자로 뽑고 며칠에 한 번씩 교체하도록 하였다. 만일 정해진 시간 안에 답안지를 제출하지 못하는 유생이 있으면 성균관의 규례를 따라 다음 날 아침식사를 못 먹게 하는 벌을 내리기도 하였다.

유생들이 답안지를 제출하면 서원에서는 매일 채점하고 그중 일부 성적 우수자를 뽑아 방목을 작성, 공개한 뒤 시상하였다. 즉, 방목에 든 유생들의 점수와 성명이 매일 공개된 것이다. 순위에 든 유생들에게는 상품으로 석차에 따라 차등을 두고 주로 종이, 먹, 붓 등을 제공하였다. 19세기 소수서원에서는 부채와 연초, 즉 담배를 상품으로 제공했다는 기록도 있다. 그중 가장 많이 제공된 것이 종이다. 왜냐하면 거접에서는 매일 답안을 작성해 제출해야 했으므로 답안지로 쓸 엄청난 양의 종이가 필요했기 때문이다. 게다가 답안지 한 장의 규격 또한 매우 컸으며 작성 과정에서 자칫 실수라도 저지르면 새 답안지로 교체해야 했으므로 거접 유생들에게 가장 요긴한 것이 바로 종이였다. 따라서 서원에서 거접을 운영하려면 식비 외에도 많은 비용이 소요되었는데, 거접의 개설 사실이 알려지면 고을 수령이나 관찰사 혹은 인근 지역의 다른 서원이나 향교에서 이따금씩 부조로 지필묵을 직접 보내 주기도 하였다.

거접을 시작하고 마치는 개접일과 파접일에는 고을 수령이 서원의 교육 활동을 격려하고 기념하는 차원에서 술과 음식을 성대하게 베풀고 제술의 시험문제 출제와 채점까지 수령이 직접 한 뒤 시상하는 '개접례開接禮와 파접례罷接禮'라 불리는 관례가 있었다. 이는 본래 거접에서만 행하던 관례였는데 후일 서원의 거재, 강회, 통독의 입재일과 파재일에도 행해졌다. 고려 시대에는 파접례를 '세연례洗硯禮'라 부르기도 하고, 소수서원에서는 '개접례, 파접례'라 하였으며, 옥산서원에서는 개접례 대신 '입접례', 도동서원에서는 파접례 대신 '후접례後接禮' 혹은 '귀가례歸家禮'라고도 하였다. 또 18세기 옥산서원에서는 거접을 개설할 때마다 입접례와 파접례에 쓸 용도로 아예 서원에서 쌀 한 섬으로 미리 술을 담그도록 절목에 규정하기도 하였다.

거접은 서원뿐 아니라 성균관, 사학, 향교 등 관학에서도 과거 준비에 매우 효과적인 교육 방식으로 적극 활용되었다. 또한 조선 후기 양사재와 지방관이 실시한 도회都會, 향촌의 문중서당에서도 거접이 자주 활용되었다. 이와 같이 지방의 향교, 도회나 양사재, 서울의 사학 등 관학에서 거접이 적극적으로 장려된 것은, 관학의 교육 목적 자체가 '과거 준비와 관리 양성'에 있었기 때문이다. 과거 문체와 제술을 집중적으로 훈련시키는 거접은 이에 가장 효율적인 학습방법이었다. 향촌 문중서당의 경우 관학은 아니었지만, 문중 서당을 설립한 주목적 중의 하나는 문중 자제들의 과업을 준비시키는 데 있었으므로 거접이 장려된 것은 당연한 일이었다.

퇴계 역시 과거에 응시하고자 하는 유생들에게 거접이 매우 효과적인 방법이라는 사실을 잘 알고 있었다. 그러나 퇴계와 그의 문인들은 서원에서의 거접에 대해서는 매우 비판적인 입장을 취하였다. 퇴계의 문인 금응협은, 엄청난 과거 합격자를 배출하여 '해동부자海東夫子'라 칭송되며 거접의 기원을 제공한 고려시대 최충과 그의 구재학당에 대하여 다음과 같이 혹독하게 비판한 바 있다.

"인종 때에 최충이 구재九齋를 설치하고 후생을 교도하여 세상에서 그를 '해동부자'라 일컬었지만, 세상에 적용하여 도를 밝힌 효험이 없었고, 자신에 돌이켜 궁구한 실질이 없었습니다. 그러므로 그 문하의 영향을 받

은 자들이 모두 문장이나 수식하는 부박한 선비들이었
습니다. 세상에서 근본에 힘쓰고 사특한 것을 억누르
는 의리에 대하여는 듣지 못하여, 담론하는 것이라곤
단지 성현들 말씀의 찌꺼기뿐이었습니다."

-『금계집』권4, 「上周愼齋論竹溪志書」

어느 날, 서원에서 거접을 행하는 문제에 대해 퇴계에게 상
의하자 퇴계는 금응협에게 편지를 보내, 서원에서 거접을 행하
는 것은 서원의 본의에 어긋나는 일임을 밝히며 다음과 같이 답
하였다.

"지난번에 상의한 서원 거접에 관한 일은 어떻게 되었
습니까? 지금 다시 생각해 보니 서원의 본의는 과거 공
부를 익히기 위해 세운 것이 아닌데, 첫 번째 모인 유생
들은 마침 과거시험이 임박한 달에 모여 제생들의 마
음이 오직 과거 공부에만 전력하니, 형세상 과거 공부
를 금하고 독서에 전심하게 할 수가 없었습니다. 그러
나 이로 인하여 또 날마다 제술만 익히니 이는 서원을
세워 학문을 창도하는 뜻이 아닙니다."

-『퇴계집』권27, 서, 「與琴夾之」

이어 그는 우선 거접을 중단하고 과거시험이 지나가기를 기다렸다가 형편을 보아 다시 모이게 하여 유생들이 오로지 독서에만 전심할 수 있도록 함으로써, 시작을 신중히 하여 서원 강학의 규정을 세우는 것이 어떻겠냐고 제안하고 있다. 퇴계 역시 '나라에서 과거를 베푸는 것이 어찌 선비들이 학문을 하지 못하게 하고자 함이겠는가. 내외와 경중은 스스로 분별해야 할 것이니, 만일 이것을 판단하여 분명히만 한다면, 성인의 경전을 외워 통하는 것이 어찌 학문하는 것이 아니겠는가'라고 함으로써, 과거 공부 자체를 부정한 것은 아니었으며, 이산원규에서도 서원에서의 과거 공부를 전폐할 수는 없다는 것을 인정하고 있었다. 다만, 위 인용문에서 볼 수 있는 바와 같이, 오로지 과업만을 목적으로 하는 거접을 서원의 강학 제도로서 공식화하는 것에 대해서만큼은 완강하게 거부하고 있었다. 이를 통해, 주자가 백록동서원을 통해 구현하고자 했던 서원교육 이념은, 퇴계에 이르러 비로소 조선 사회에 확산되기 시작하였음을 확인할 수 있다.

그러나 이후에도 서원에서 과업을 일삼는 풍조는 쉽게 사라지지 않았다. 박세채에 따르면, 17세기 서원 역시 '주자나 퇴계가 서원을 설립할 때 의도한 장수나 강학의 실질은 찾아볼 수 없고, 다만 과거 공부하는 선비들의 거접지소居接之所'에 그치고 있었다. 한편 18-19세기에는, 거접 자체가 재정을 낭비하고 선비의 예모를 손상시키는 폐해로 인식되기도 하였다. 다산 정약용은 거접의 폐단에 대해 다음과 같이 말한 바 있다.

"거접이란 것이 큰 폐단이 되고 있다. 수십 명을 가려 뽑아 향교나 절간에 거처하게 하고 날마다 과예課藝하되 열흘이나 한 달로 끝내는 것을 거접이라고 한다. 쓸데없이 향교의 재산만 손상하고 또 절에 폐단만 끼치니 할 것이 못 된다. 거수居首한 자가 한 턱 내고 신입자도 한턱 내고, 시작할 때와 끝날 때에 먹고 마셔 떠들고 싸우며 드디어는 난장판을 이루니 해서는 안 될 것이다."

-『목민심서』 권8, 예전육조, 「課藝」

이상과 같이, 후기로 가면 갈수록 점차 거접의 폐해가 드러나긴 하였으나, 조선시대 관학에서 거접은 실제로 과거 공부에 매우 효과적인 교육 방식으로 활용되었다. 퇴계 역시 과업에 있어 거접의 효과를 인식하고 있었으나, 서원에서의 거접만큼은 서원을 설립한 본의에 어긋나지 않도록 본말과 내외를 구별해야 함을 강조하였다. 이와 같은 퇴계의 입장은 17세기 이후 점차 조선 서원에도 자리 잡기 시작하였다. 따라서 모든 서원은 이념적으로 서원교육의 본령이 '과업'이 아니라 '도학'에 있음을 천명하였다. 그러나 현실에서는 도학을 위한 교육과정과 과업을 위한 교육과정이 병행되었고, 18세기에 이르러 이것이 보편적인 서원의 교육제도로 정착하기 시작한다.

6

'과업'과 '도학'의
조화를 위해
고군분투했던 소수서원

1543년 주세붕에 의해 창건된 이래 조선의 서원은 흔히 '관
학'이 아닌 '사학'으로, '사림'이 그 설립과 운영의 주체가 되어
본받을 만한 스승이나 선현의 위패를 모시고 '도학'을 탐구한 곳
으로 이해되고 있다. 그러나 조선 최초의 서원인 백운동서원을
설립한 주세붕은 사림보다는 공신 계열에 가까운 인물이었고,
16세기 소수서원에서 행해진 교육도 도학과는 다소 거리가 있
었으며, 운영 주체나 학교의 성격 면에서도 관학과 사학의 구분
이 매우 모호한 상태였다. 이는 학교로서 조선조 서원의 성격이
시대를 거치면서 변화해 갔음을 말해 준다. 그 변화의 한 축에
바로 '과거'가 있었다. 이 장에서는 과거 대응 방식에 따라 조선
시대 서원교육의 성격이 어떻게 변화해 갔는지를 소수서원 사

례를 중심으로 검토하고자 한다.

유교를 통치 이념으로 하는 조선에서는 원칙상 지식과 덕성의 결합을 통해 일상에서의 올바른 관계 맺음에 성공한 사람, 즉 '수기修己'와 '내성內聖'의 과업을 성취한 사람만이 '치인治人'과 '외왕外王'의 자격을 획득할 수 있었다. 그리고 그 원칙 아래 국가의 관리를 뽑는 조선의 관리 선발 제도가 바로 과거였다. 그런데 과거시험에서는 개인의 덕성은 시험할 수 없었으므로, '덕성'이 아닌 '문장'을 시험하는 데 그칠 수밖에 없었다. 그 결과 과거 공부는 자칫 덕성의 함양과 실천은 도외시한 채, 겉으로 드러나는 화려한 문장의 수식에만 치중하여 학문과 교육의 본뜻을 잃어버리고 지식과 덕성이 괴리될 우려를 안고 있었다. 조선시대 서원교육이 당면한 첫 번째 딜레마는 바로 여기에 있었다.

과거 공부가 도리어 지식과 덕성의 괴리를 낳고, 학문과 교육이 과거 합격의 수단으로 전락할 우려가 현실화되자, 과거에 어떻게 대응하고 처신할 것인가의 문제는 서원교육이 풀어야 할 화두의 하나였다. 그렇다고 과거 외에는 관직 진출의 길이 매우 한정되어 있던 상황에서, 서원 유생 중 대다수가 과거에 응시할 유생들이라는 현실을 마냥 외면할 수도 없었다. 여기에 서원교육이 당면한 두 번째 딜레마가 있었다. 그리하여 과거에 대한 현실적 요청과 과거로 인한 교육적 폐해 사이에서 조선

시대 서원교육은 과거에 대해 한편으로는 비판하고 한편으로는 용인하는 이중적인 입장을 취하고 있었다.

이 장에서는 조선시대 서원의 과거 대응 방식과 그에 따른 교육의 성격 변화를 소수서원 사례를 중심으로 검토하고자 한다. 조선 최초의 사액서원으로서 소수서원은 창건 이래 19세기에 이르기까지 서원관 및 교육의 성격에 있어 몇 차례의 큰 변화를 겪게 된다. 이는 사림의 성장, 성리학에 대한 이해의 심화, 관학과 서원의 관계 등 여러 요인과 연동되어 있었는데, 그 주요 계기 중 하나가 바로 과거에 대한 서원의 입장과 대응 방식이었다.

소수서원이 과거에 가장 적극적으로 대응한 시기가 16세기라면, 17세기는 과거 공부에 적극적으로 대응하는 한편, 서원에서의 과거 공부에 대한 비판적 인식이 점차 확산되면서 '과업'에서 '도학'으로 서원교육 이념이 전환되어 가는 과도기로 볼 수 있다. 18-19세기에는 서원교육의 목적을 '과업'이 아닌 '도학'으로 정면으로 표방하면서 과업을 부분적으로 병행하였으나 그 과정에서 과업의 폐해가 또다시 드러나기 시작하였다. 이하에서는 이처럼 과거에 대응하는 입장의 변화가 나타난 배경 및 그에 따른 소수서원 교육의 성격 변화를 시기별로 나누어 검토하고자 한다.

16세기 소수서원의 특권적 지위와 교육의 관학적 성격

　'이 서원에 와서 공부한 사람은 5년이 채 안 되어 모두 명사가 되어 연이어 과거에 급제한다'고 회자될 만큼, 16세기 소수서원은 과거 교육의 명소처럼 인식되었으며, 과거를 포기하고 도학에 뜻을 둔 선비들은 도를 전수해 줄 스승을 찾아 소수서원을 떠나는 아이러니한 현상이 벌어지기도 하였다. 이는 서원을 과거 준비 기관이자 관학의 기능을 대신할 인재 양성소처럼 인식했던 주세붕과 당시 관리들의 서원관에서 기인한 것이었음을 앞에서 살펴보았다. 나아가 16세기 소수서원 거접은 철저하게 수령, 관찰사 등 지방관의 물적 지원에 의존하고, 거접의 시제試題 출제와 평가 역시 풍기군수가 주도하는 등 관학에 버금가는 특전을 누리고 있었다. 여기서는 16세기 소수서원 교육의 관학적 특성과 거접의 운영 실제를 좀 더 상세히 살펴보고자 한다.

　1543년 풍기군수 주세붕이 백운동서원을 설립한 뒤 초기 3-4년간은 교육의 지속적 시행을 위한 물적, 제도적 기반이 안정적으로 확보되지 못했던 것으로 보인다. 이후 서원 교육이 본격적으로 시작된 것은 안현이 경상감사로 부임하여 경상도 전역에 걸쳐 백운동서원의 재정 기반을 마련하고, 이 제도의 영속적 시행을 위해 「사문입의斯文立議」를 제정한 1546년부터였다.

그는 우수사에게 영구히 제급받은 웅천의 어기漁基 3곳 및 각 관아로부터 매년 총 2,520동음의 청어를 서원에 바치게 하고, 울산 관아에서 철염분 2좌를 매입하여 매년 서원에 필요한 식염을 대도록 하였다. 또한 묘원직 자손의 부역을 대대로 면제하고, 서원 근처 전답 30결의 경작인에게도 잡역을 탈급해 주었으며, 풍기관사에 소속된 노비 5구를 서원으로 이속하여 유생 공궤를 담당하도록 하였다.

이어 5월부터는 사묘와 서원 건물을 보수하거나 추가로 조성하여 서원의 규모를 확장함과 동시에 유생 공궤에 필요한 물

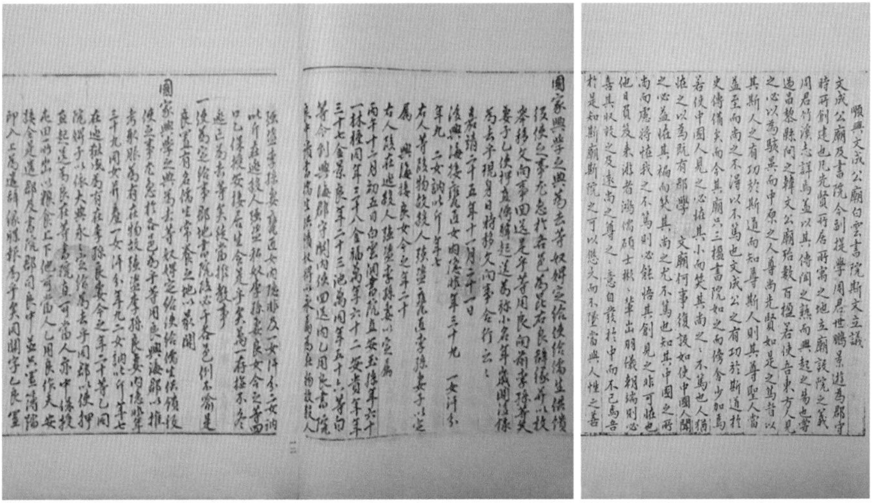

그림 32 『소수서원등록紹修書院謄錄』, 1546년 경상감사 안현이 제정한 「사문입의」, 한국학중앙연구원 장서각 소장

자를 도내 각 고을에 수시로 분정하였다. 유생 공궤 및 서원 관리를 위한 관속과 노비로 풍기, 홍해, 진주, 산음, 거창의 관속과 속공 노비 10여 구를 서원에 소속시켰다. 또 예천·산음·동래·함안·진보 등에서 압수한 의복, 면목, 그릇 등의 도적 장물을 수송하여 서원지기와 노비에게 분급하였다. 그밖에 거접 유생들의 기숙사와 전사청, 제기고, 행랑, 차양 등의 건물도 추가로 조성하였다.

이처럼, 경상도 전역의 전폭적 지원하에 1546년 5월 무렵 거접이 본격적으로 시작되었다. 5월 21일 경상감사 안현은 상주 훈도와 협의하여 사문입의의 규정에 따라 10명에 준하는 유생을 불러 거접시키도록 서원에 명하고, 우선 영천에 공문을 보내 쌀을 제공하도록 하였다. 그리고 유생의 규모를 파악하여 필요한 물자를 다른 고을에 추가로 분정하기 위해 거접에 온 유생이 몇 명이나 되는지 감영에 보고하도록 하였다. 6월 12일에는 유생 10여 명이 와서 거접을 시작하였는데 공궤 물자가 부족하여 안동, 의홍, 의성 등 9개 고을에 백미, 콩, 등유 등을 보내도록 조치하였다. 그 결과, 1547년 2월에는 '서원에 상시 공궤하는 유생을 10명으로 정하였지만 원근에서 소문을 듣고 온 이름 있는 유생이 수십 명에 이르러 공궤할 식염을 마련할 길이 없다'고 할 정도로 거접이 성황을 이루었다. 당시 거접의 구체적인 운영

상을 좀 더 상세히 살펴보자.

사문입의 제정 직후 관찰사 안현은 '시간을 정하여 제과製科하는 것을 서원의 관례로 삼도록' 하였다. 즉, 16세기 거접은 과거 대비를 목적으로 과거시험 과목 중 제술 훈련을 중심으로 이루어졌다. '시·부·의·의·책詩賦疑義策' 등 과거 문체로 시험문제를 출제하고, 유생들이 정해진 시간 안에 답안을 작성하여 제출하면, 이를 채점하여 성적을 매기고 석차에 따라 시상을 베푸는 방식으로 거접이 시행되었다. 이때 시험문제의 출제와 채점은 주로 풍기군수가 담당하고, 때때로 관찰사나 인근 고을의 수령이 맡기도 하였다. 1547년 2월 거접에서는 관찰사 안현이 시제를 출제하고, 7월에는 영천군수가 출제와 고시를 담당하였으며 시상을 위한 상품은 관찰사가 마련해 주었다. 1549년 4월의 거접에는 풍기군수 이황이 시·부·의·의를 각각 하나씩 출제하여 보내고, 1550년 3월의 거접에서는 관찰사 심통원이 유생들의 제술 상품으로 쓸 종이 등을 보내면서, 예방의 관리로 하여금 직접 서원 유생에게 전달하고 물명 하나하나에 대하여 수령했다는 회답을 받아 감영에 보고하도록 하였다. 1558년 6월 거접에는 풍기군수 장문보가 책문의 시제를 출제하였다. 또한 1547년 1월, 주세붕은 '여러 선비들이 과거에 응시할 날도 멀지 않았으니 오직 부지런히 절차탁마하시고 평안하시길 빕니다'라고 하며, 풍기군수에서 체직되어 나간 뒤에도 백운동서원에 편지를 보내 거접 유생들의 과거 공부를 격려하였다. 즉, 16세기 거접은 내용에 있어서도 과업을 위주로 하고, 시제의 출제와 채점, 시상, 재정 지원에 이르기까지 풍기군수와 관찰사 등 지방관이 주도함으로써, 거의 관학과 다름없이 운영되고 있었다.

거접의 참여 대상과 인원은 정확한 기록이 없지만, 사문입의에서 상시 거접 인원을 10명으로 규정하고 상주훈도와 상의하여 선발하도록 하였으며, 1560년 풍기군수 박승임이 '원근에서 흠모하고 학자들이 운집하여 사시사철 공궤하는 학생이 많을 때에는 20여 명에 이르렀다'는 기록에 따르면, 경상도 전역에서 보통 10명, 많게는 20명 정도의 유생이 참여하였음을 알 수 있다.

거접에 참여한 유생들에게는 숙식뿐 아니라 거접에서 제술에 쓰이는 지필묵, 거접 유생들이 과거시험장에서 쓸 명지名紙에 이르기까지 필요한 물품 일체를 서원에서 제공하였다. 1545년 봄, 관찰사 안응창은 먹 20홀과 과거시험장에 쓸 종이 30장을, 1546년 관찰사 안현은 먹 10자루, 부채, 붓, 먹 각 11점 및 종이 5속을 보냈다. 지필묵 외에 개접일과 파접일 혹은 거접 도중에도 풍기군수나 인근 고을의 지방관 및 관찰사가 거접의 개설을 축하하고 격려하는 차원에서 술과 안주, 음식 등을 지속적으로 보내왔다. 1547년에는 안현을 통해 백운동서원에서 거접한다는 소식을 들은 우병사 김순고가 축하한다는 인사와 함께 과메기 30동음, 청어 100동음, 통대구 30마리를 보내고, 관찰사 안현도 1547년 한성부 우윤으로 체직되기 직전까지 청주 2동이, 생치 3마리, 닭 3마리와 함께 거접에 쓸 제술 시험문제를 지어 보냈다. 이후 안현의 후임으로 온 관찰사 임호신이 부임 직후 거접 유생들에게 장지 15첩, 유연묵 10정, 송묵 5자루, 고모필 20자루를, 같은 해 가을에는 술 2동이와 생치 5마리, 대구 5마리, 광어 7마리, 잣 2말을 서원에 보내 거접을 지원하였다.

또한 과거가 있는 해에는 거접 유생들에게 심지어 과거시험장에서 필요한 지필묵까지 서원에서 마련해 주었다. 1546년 6월 29일 관찰사 안현은 '서원의 거접 유생들이 가을 과거시험장에서 쓸 명지를 마땅히 보내 주어야 하지만 봉상한 것 중에 남아 있는 것이 없다고 하므로 용궁현에 관문을 보내 도련지 30장을 서원에 봉상하도록' 조치해 주었다. 이 해 10월에는 식년시式年試가 있었기 때문이다. 또 후임 관찰사 임호신도 1547년 7월 27일, 영천군수가 출제, 채점한 거접 유생들의 제술 결과를 첩보하자 석차에 오른 유생들에게 역시 가을 과거시험장에서 쓸 수 있도록 상품을 분급한 뒤 감영에 보고하도록 하였다. 이때 1등을 한 생원 이계와 권응참에게는 각 명지 4장, 고모필 3자루, 유연묵

2자루씩, 2등을 한 남계리, 곽한, 한우, 김희준에게는 각 명지 3
장, 붓 3자루, 유연묵 2자루씩을 분급하였다.

1579년과 1580년에는 학문에 정진하여 기대에 부응하라는
편지와 함께 배삼익이 술과 음식, 붓, 먹을, 1581년 11월에는 풍
기군수 안봉이 관청의 업무로 분주하여 제술 시권을 미처 채점
하지 못한 것에 미안함을 전하며 다음날 파접한다고 하므로 청
주 1동이, 생육 5근, 약과 1그릇, 생치 1마리, 잣 1말, 고모필 6자
루를 보내고, 1582년과 1583년 11월에도 술과 음식, 붓 등을 보
냈다. 1589년 11월에는 풍기군수 변이중이 과거 공부에 힘쓸
것을 격려하며 쾌포, 소고기, 천엽, 간 등을 보내 반찬에 보태
쓰게 하였다. 이후에도 풍기군수와 관찰사는 새로 부임하면 으
레 술과 음식, 지필묵 등을 보내 거접을 장려하였으며, 그 외 도
사, 찰방, 경차관 및 경기감사, 충청감사 등도 서원에 물품을 보
낸 기록이 확인된다.

16세기 거접은 상시 거접이 아니라 개접일과 파접일을 정해
두고 일정 기한 동안 시행되었으며, 특정 시기에 관계없이 사계
절에 모두 걸쳐 개설되었다. 다만, 과거가 있는 해나 상식년에
는 비교적 집중적으로 거접이 개설되었다. 이와 같이 계절에 관
계없이 사계절에 모두 걸쳐 개설된 '사시거접'은, 겨울 3개월 동
안만 거재를 개설했던 18세기의 '삼동거재'나, '가을과 겨울에는

거재와 통독을, 봄과 여름에는 백일장과 거접'을 개설했던 19세기와 달리, 16세기에만 나타나는 특징이다. 즉, 최초의 서원으로서 지방관의 전폭적 지원을 제공받았던 16세기 소수서원의 특권적 지위를 확인할 수 있는 대목이다.

이상에서 살펴본 바와 같이 16세기 소수서원 교육이 철저하게 수령, 관찰사 등 지방관의 물적 지원과 관심에 의존하고, 강학의 형태도 과거 공부를 목표로 한 거접을 중심으로 이루어진 것을 통해, 16세기 소수서원은 당시 쇠퇴한 관학의 기능을 실제로 고스란히 대체하고 있었음을 알 수 있다. 이 같은 16세기 소수서원의 관학적 특성은 앞에서 살펴본 대로, 서원을 과거 준비 기관이자 관학의 보조 기구처럼 인식했던 주세붕의 서원관이 반영된 결과였으며, 이러한 서원 인식은 주세붕뿐 아니라 경상 감사 안현을 포함한 16세기 지방관들에게도 여전히 공유되고 있었다.

그렇다면, 이런 특혜의 결과 16세기 소수서원 유생들이 거둔 교육의 성과는 실제 어느 정도였을까. 입원록에 나타난 16세기 소수서원 입원생의 과거 합격 비율을 보면, 16세기 전체 입원생은 473명, 그중 소과 입격자는 178명, 문과 합격자는 50명, 소과와 문과에 모두 합격한 사람은 44명이다. 전체 입원생 중 소과나 문과 중 하나라도 입격한 사람은 184명으로 전체 입원생 중

약 39%에 해당한다. 이렇게 볼 때 16세기 소수서원은 관학이 교육 기능을 상실하다시피 한 당시 조선 사회에서, 과거에 합격하여 국가의 관리가 될 인재를 양성하는 관학의 교육 기능을 무엇보다 충실히 수행해 내고 있었다고 할 수 있다. 또한 16세기 거접은 철저하게 수령, 관찰사 등 지방관의 물적 지원과 관심에 의존하고, 거접의 시제 출제와 채점 역시 풍기군수가 주도하고 있었다. 이는 한편으론, 서원을 과업을 준비시키는 관학적 속성의 연장선에서 인식한 주세붕과 당시 관리들의 서원관으로부터 비롯된 성과이자, 동시에 주자나 퇴계가 서원 설립을 통해 의도했던 도학과 위기지학이라는 서원 강학 이념은 미처 실현하지 못했던, 초창기 조선 서원이 갖는 한계이기도 했다. 이와 같이 거접을 중심으로 이루어진 16세기 소수서원의 교육은 '과업에서의 성과'와 '도학에서의 한계'라는 두 가지 특징을 동시에 드러내고 있었으며, 이는 초기 서원의 관학적 속성에서 야기된 과도기적 성격으로 이해할 수 있다.

17세기 과업에 대한 비판과 '파격' 논쟁

소수서원에서 과거 중심 교육 방식에 비판의 목소리가 제기

되기 시작한 것은 17세기 초반 무렵이었다. 17세기 초 풍기군수 이준, 원장 곽진 등은 과거 공부에 치중되어 있던 당시 소수 서원의 교육 방식에 심각한 우려와 비판을 드러내며, 소수서원을 도학을 강명하는 서원 본래의 교육 공간으로 탈바꿈하기 위해 다양한 노력을 경주하였다. 특히 풍기군수 이준은 과거에 응시할 유생들을 깨우치기 위해 「유부거사자문諭赴擧士子文」이라는 글을 지어 과거 응시자의 올바른 자세를 가르침으로써 과거에 대한 적극적 대응 방식을 펼치는 한편, 서원에서의 과거 공부에 대한 비판적 견해를 은근히 피력하였다. 그는 과거에 응시할 유생들에게 과장의 폐단 및 과거에 임하는 자의 용모와 자세, 과거 문체를 짓는 데에도 의리와 이치가 있음을 다음과 같이 상세히 일러 주고 있다.

"이제 가을 시험 날짜가 임박하였으니 시험 삼아 근래 과장科場의 폐단에 대하여 말하겠습니다. 선비가 시험에 응시한다고 모두 신실하고 중후하지는 않습니다. 더러는 나이가 적으면서 기질이 날카로워 하루아침에 시험장에 나아가기를 마치 적진에 돌진하듯이 하여, 혹은 같은 무리를 물리치고 혹은 시제試題를 고쳐 달라고 청하면서 경솔하게 다툼의 단서를 만들고 경박한

말로 선동하고 떠들썩한 말에 휩쓸려 국법을 범하는 자가 있습니다. 대개 사민四民 중에서 선비가 가장 귀한데, 선비가 지키는 것이란 예양禮讓을 앞세우는 것입니다. 이른바 예양이란 자신의 몸가짐을 중후하게 하고 남을 공손하게 대하며 성내는 것을 경계하고 읍을 하며 사양하는 것을 말합니다. 이전에 몇 건의 일은 모두 이와 상반되었으니, 이것이 어찌 선비 된 자의 아름다운 풍습이겠습니까.

바라건대, 시험에 응시하는 날 이 말을 명심하여 걸음걸이를 절도 있게 하고 함부로 말하지 말고 용모를 바르게 하고 몸을 단속하여, 반드시 조용하고 중후하게 처신하고 시끄럽게 몰려다니면서 선비의 자세를 무너뜨리지 말아야 할 것입니다.

또 생각건대, 무릇 글을 지음에 있어서는 반드시 의리를 주로 하여, 정신을 온전하게 기르고 지기志氣를 화평하게 가져야 마음과 이치가 하나가 되고 붓과 손이 서로 응하여 맥락이 두루 통하고 정화精華가 빛나게 됩니다. 그리고 지은 글만 볼 만한 것이 되어서는 안 되고 두텁고 차분한 기상도 모든 선비가 우러르는 모범이 되어야 합니다. 그렇지 않고 분주히 준비하고 진종일

고생하더라도 이미 혈기와 심신이 혼란하여 붓을 들면 생각이 엉키고 붓 가는 길이 거칠게 됩니다. 차분함과 조망함이 이미 달라 득실이 절로 갈리니, 지금에 글을 잘 짓는다는 명성이 있으면서도 왕왕 합격하지 못하는 자를 보면 거의 이런 사유에 기인합니다. 이것이 어찌 응시자로서 경계할 바가 아니겠습니까."

- 『창석집』권13

이 글에서 이준은 과거에 응시할 유생들에게 과장의 폐단과 경계할 바를 말하고 있지만, '과거 문체를 짓는 데에 있어서도 형식만 화려한 글을 지어서는 안 되고, 의리를 주로 하여 정신과 지기가 화평해야만 마음과 이치가 하나 되어 맥락이 통하고 정화가 빛나는 글을 지을 수 있으며, 지은 글만 화려해서도 안 되고 글을 지은 사람의 기상까지도 모범이 되어야만 좋은 글이 될 수 있다'는 지적은 사실상 서원교육에 대한 평소 그의 교육관을 반영한 것으로 볼 수 있다. '의리와 정신의 함양, 화평한 지기와 모범이 되는 기상, 마음과 이치의 결합'이란 하루아침에 생기는 것이 아니라, 평상시의 꾸준한 공부와 덕성의 함양이 전제될 때 비로소 가능한 것이었기 때문이다. 즉, 평상시의 마음공부를 바탕으로 할 때에야 비로소 문예도 성취될 수 있고, 일상의 꾸준한 공부를 통해 덕행이 길러지지 않은 채 문예만 추구해서는 과거 문체조차도 제대로 지을 수 없으며, 문예는 곧 덕행을 담는 그릇이 되어야 한다는 그의 교육관은, 지식과 덕성이 분리된 채 오직 과거 합격 자체에만 초점을 두는 공부에 대한 경계와 비판을 담고 있다.

이와 함께 과업 중심 교육에서 벗어나 소수서원을 도학의 공간으로 탈바꿈하기 위한 변화의 첫걸음은 바로, 설립 초기 주세붕이 정한 과거 입격자 위주의 입원 자격을 둘러싼 논쟁이었

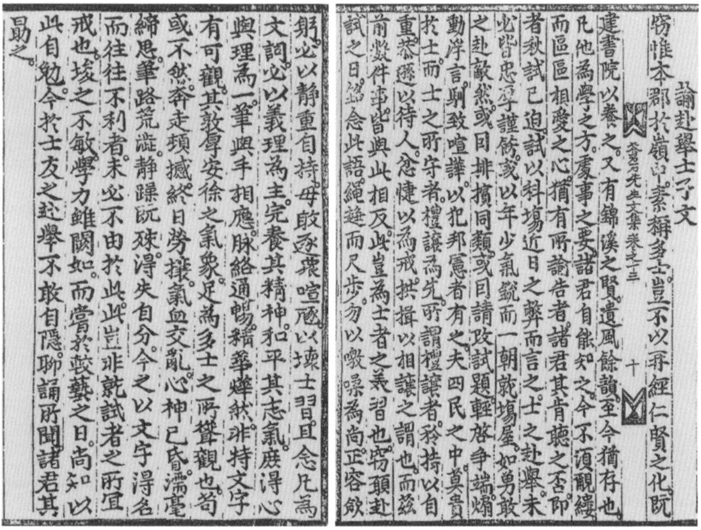
竊惟本郡於嶺之南素稱多士豈不以曾經仁賢之化旣
諭赴擧士子文　滄石先生文集 卷之十三　十
建書院以養之又有錦溪之賢遺風餘韻至今猶存也
凡他爲學之方處事之要諸君自能知之今不須覼縷
而區區相愛之心猶有所諭告者諸君其肯聽之否即
者秋試已迫試以科場近日之弊而言之士之赴擧未
必皆忠厚謹飭或以年少氣銳而一朝就場屋如勇敢
之赴敵然或日排擯同類或日請改試題輕發爭端煽
動浮言馴致喧譁以犯邦憲者有之夫四民之中莫貴
於士而士之所守者禮讓爲先所謂禮讓者矜持以自
重恭遜以待人忿悁以爲戒拱揖以相讓之謂也而茲
前數件事皆與此相反此豈爲士者之義習也竊願赴
試之日必念此語繩趨而尺步勿以噭噪爲尚正容斂
躬必以靜重自持毋敢逐衆喧囂以壞士習且念凡爲
文詞必以義理爲主完養其精神和平其志氣庶得心
與理爲一筆與手相應脈絡通暢精華燁然非特文字
有可觀其敦厚安徐之氣象足爲多士之所聳觀也苟
或不然奔走頓撼終日勞攘氣血交亂心神已昏濡毫
締思筆路荒澁靜躁旣殊得失自分今之以文字得名
而往往不利者未必不由於此此豈非就試者之所宜
戒也哉埈之不敏學力雖闕如而嘗於較藝之日尙知以
此自勉今於士友之赴擧不敢自隱聊誦所聞諸君其
勗之

그림 33 『창석선생문집』, 풍기군수 이준이 과거 응시 유생을 위해 쓴 「유부거사자문」, 서울대학교 규장각한국학연구원 소장

다. 서원교육의 본령은 과업이 아닌 도학에 있다는 인식이 확산되면서 17세기 초 소수서원의 과업 중심 교육에 대한 비판이 일어나기 시작하였고, 이는 과거 입격자 중심의 입원 규정을 개정해야 한다는 이른바 '파격罷格' 논쟁을 촉발시켰다. 17세기 초부터 전개되기 시작한 이 논쟁에서 퇴계 문인 혹은 재전 문인들은, 과거 입격자 중심의 입원 규정은 개정되어야 한다는 '파격론'의 입장에서 파격을 주장하며, 유학 교육의 본질과 서원의 존재 의의가 어디에 있는지를 설파하였다. 우여곡절 끝에 18세기 초에 이르러 파격으로 종결된 이 논쟁은, 17세기 초반까지 '과업 위주'로 운영되던 소수서원 교육의 성격이 18세기에 이르러 '도학 중심'으로 변모하는 결정적인 계기가 되었다. 이 논쟁은 기존 역사학 연구에서 지역사회 내 향권의 문제로 해석하고 있지만, 서원교육의 입장에서 보면 16세기 주세붕이 주장했던 '과업지소科業之所'에서 17세기 이후 주자와 퇴계가 천명했던 '도학지소道學之所'로 서원 강학 이념이 전환되는 과정을 보여 주는 핵심적인 사건이다. 입격자 중심의 입원 규정은 애초에 서원을 과거 준비 기관으로 인식한 주세붕의 서원관에서 비롯된 것이었으며, 이는 향후 수백 년간 지속될 논쟁의 불씨를 이미 배태하고 있었다. 이때, 파격을 주장한 풍기군수 이준의 논리를 요약하면 다음과 같다.

'본래 학교를 설치한 목적은 인재 양성을 위한 것으로 예로부터 차별 없이 학생을 받아들였다. 학교의 인재 선발 기준은 본래 덕행이 우선이지만 덕행은 시험할 수 없으므로 부득이하게 읽기, 글짓기, 글씨 쓰기의 예업으로 선발하였고, 그 기준도 중급 이하의 기본적인 수준을 넘지 않았다. 유학 교육에서 덕행은 근본이고 문예는 말단인데, 소수서원에서는 덕행이 아닌 문예로 학생을 뽑고 과거와 이록의 길로 학생을 인도하니 이는 이미 덕행을 근본으로 삼는 유학의 의리에 어긋나며 삼대의 학교를 설치한 법도에도 벗어난 것이다. 도는 영원히 변하지 않지만 사람이 만든 제도는 시대에 따라 바뀌게 마련이니, 덕행보다 문예를 우선하는 잘못된 입원 규정을 주세붕이 만든 제도라고 해서 개정하지 않을 수 없다. 따라서 입격 여부에 상관없이 입학을 허가하여 고을의 뛰어난 인재들이 시권 한 장이 없다는 이유로 서원에서 거절당하여 뜻과 정성이 좌절되고 수치심을 겪는 일이 없도록 원중에서 논의하여 규정을 개정하기를 바란다.'

-『창석집』권13,「諭白雲洞院長文」

여기서 풍기군수 이준이 파격을 주장하는 논리의 핵심은 '유학 교육에서 덕행은 근본이고 문예는 말단'이라는 사실에 근거하고 있다. 이는 서원을 쇠퇴한 관학을 대체할 과거 준비 기관처럼 인식하며, 당시 과업의 명소로 급부상한 소수서원을 오히려 자랑스럽게 여기던, 풍기군수 주세붕을 포함한 16세기 지방관들의 시각과 대조를 이룬다. 또한 '덕행은 근본이고 문예는 말단인데, 형식만 화려한 글로 시험하고 이록의 길로 학생을 유인하는 것은 유학의 의리에도 이미 어긋난다'는 그의 지적은, 입원 자격뿐 아니라 당시 과업에 치우친 소수서원의 교육 방식에 대한 비판도 간접적으로 포함하고 있다. 이는 곧 '도학과 위기지학'을 서원교육의 본질로, '과업'을 말단으로 규정한 퇴계의 서원관을 그대로 계승하고 있다.

이후 치열한 논쟁을 거쳐 100년 이상 파격과 복격이 거듭되다가 결국 이 논쟁이 1719년에 파격으로 마무리된 것은, 17세기 초 영남 지역 내에 주자와 퇴계가 천명했던 '도학을 강명하는 곳'으로서의 서원관이 점차 확산, 공유되기 시작한 것으로 볼 수 있다. 기존 역사학계의 분석대로, 이 논쟁을 '영남 지역사회 내 향권의 문제와 양반 사족들의 현실적 이해'라는 역학관계의 창으로만 바라본다면, 이처럼 주자와 퇴계의 서원 강학 이념이 조선 서원에 확립, 정착되어 가는 과정과 서원교육 내부에서 일어난 근본적인 변화의 움직임은 포착하기 어렵다. 즉, 17세기에 시작된 소수서원의 입원 자격 논쟁은 과거 대응 방식을 둘러싸고 '서원은 과연 어떤 교육을 하는 곳이어야 하는가'에 대한 고민의 과정이자 서원교육 이념의 변화를 보여 주는 핵심적인 사건이었다. 그렇다면 파격 논쟁의 종결로 '과업' 위주에서 '도학' 중심으로 교육의 성격이 변모한 18세기 이후, 소수서원의 과거 대응 방식은 과연 어떻게 달라졌을까.

18세기 도학서원으로의 정착과 교육 과정의 변화

설립 초기 주세붕이 만든 과거 입격자 위주의 입원 자격 규정이 오랜 논쟁을 거쳐 1719년 파격으로 확정된 직후 소수서원에서는 강당을 중수하고, 누각을 새로 건립하며, 원안院案을 새로 작성하는 등 여러 가지 변화가 있었다. 그중 가장 큰 변화는 바로 '과업'에서 소수서원 교육의 성격이 '도학'으로 바뀌었다는 것이다. '과업'을 위한 교육과 '도학'을 위한 교육의 구체적인 차이는 바로 교육과정과 교재 및 강학 방식의 차이에서 찾을 수 있다. 즉, 17세기까지의 교육은 '과거 대비'라는 목적 하에, 과거 시험 과목의 하나인 '제술'을 내용으로, 제술시험의 문체인 '시·

부·의·의·책의 답안 작성 훈련과 평가'가 교육 방법의 중심이었다면, 18세기 이후에는 '도학의 탐구와 실천'을 교육의 목적으로 정면으로 표방하며, 그에 따라 교육 방법도 함께 변화되었다. 17세기까지의 교육이 거접 중심이었다면, 18세기부터는 거재, 강회, 통독으로 교육의 초점이 옮겨간 것이다. 그러나 도학을 목적으로 한 18세기 이후에도 현실적으로 과거 공부를 완전히 등한시할 수는 없었다. 따라서 도학을 위한 공부를 주로 하되 거재 기간 중 일부의 시간을 할애하여 과거에 대비한 제술 훈련을 부분적으로 병행하였다.

또한 거재 기간 외에도 과거시험이 있는 해에는 별도로 거접이나 순제, 백일장을 개설하여 과업을 준비시켰다. 그렇다면 도학을 위한 공부와 과업을 위한 공부는 구체적으로 어떻게 구별되었을까.

도학을 위한 가장 핵심적인 교육과정은 강회와 통독이다. 통독은 『심경』·『근사록』·『주자서절요』 등 과거시험 과목과 무관한 심학의 핵심 교재를 주 대상으로 하였다. 그러나 '과거 공부'에 분명한 목적을 둔 거접에서 통독이나 강회가 병행되는 경우는 없었다. 18세기 이후 소수서원 교육의 변화를 좀 더 상세히 살펴보자.

18세기 이후 소수서원 교육의 목적은 첫째, '도학의 탐구와 실천을 위한 강학', 둘째, '군거강학을 통한 이택관선의 실현', 셋째, '중도의상예양重道義尙禮讓을 통해 유자로서의 예를 익히고 실천하는 것', 넷째, '과거에 응시할 유생들에게 과업을 준비시키는 것'에 있었다. 그중 앞의 세 가지는 5, 6장에서 상세히 소개했으므로 여기서는 18세기 이후 교육과정 및 교재의 변화를 중심으로 소개하고자 한다.

18세기 이후 소수서원에서는 '도학'을 본령으로 표방하면서 도학에 초점을 둔 거재, 강회, 통독과 과업을 위한 거접이 병행되었다. 거재에서는 개별·독서, 통독(혹은 강회)과 함께 거재·기간의 일부를 활용하여 부분적으로 제술도 시행하였다. 그 중 18세기 이후 가장 많이 활용한 강회와 통독의 교재는 주로 심학의 핵심적 내용을 다룬『심경』·『근사록』·『주자서절요』였다. 그 중 19세기까지 가장 집중적으로 통독한 책은『주자서절요』다. 소수서원 강회에서 이 세 가지 책을 집중적으로 통독한 이유, 특히『주자서절요』를 가장 열심히 탐독한 이유는 무엇일까? 퇴계는 23세에『심경』을 처음 구해 읽어 본 뒤, 다음과 같이 평가한 바 있다.

"내가 젊었을 때 서울에서 유학하다가 여관에서 이 책을 처음 보고 구하여 얻게 되었다. 비록 중간에 병이 나

서 덮어 두기도 하고, 늦게 깨달아 이루기 어렵다고 탄
식하기도 했지만, 그러나 애초에 도학에 감발하여 흥
기한 것은 이 책의 힘이었다. 그러므로 평생토록 이 책
을 존신하여 사서와 근사록 아래에 두지 않았다.”

-『퇴계집』권41, 잡저, 「心經後論」

“나는 심경을 얻고 나서, 비로소 심학의 근원과 심법의
정밀하고 미묘함을 알았다. 그러므로 나는 평생에 이
책을 신명神明처럼 믿었고, 이 책을 엄부嚴父처럼 공경
하였다.”

-『퇴계언행록』권1, 「學問」

퇴계는 자신이 도학에 입문할 수 있도록 해준 장본인이 바
로 심경이며, 그런 점에서 심지어 사서나 근사록보다 심경을 아
래에 두지 않는다고 하면서, 심경의 가치를 사서에 비견하고 있
다. 그는 이산원규에서 사서삼경을 본원에 두고, 정주성리서
는 그 다음의 순서에 둔다고 하였지만, 유학 공부의 핵심인 마
음공부의 실질적인 공효로는 이처럼 심경의 가치를 최우선으
로 여기고 있었다. 실제로 제자들이 소학, 근사록, 심경 중에 어
느 책이 가장 긴절하냐고 물어오자, 퇴계는 다음과 같이 대답하

였다.

> "소학은 체와 용을 함께 갖추었고, 근사록은 의리가 정
> 미하니 모두 읽지 않을 수 없으나, 초학자가 처음 시작
> 하는 데는 심경보다 긴절한 것이 없다."
>
> — 『퇴계언행록』 권1, 「讀書」

즉, 마음을 다스리는 실천적 공부를 위해서는 소학이나 근
사록보다도 심경이 더 긴절한 책임을 말하고 있다. 『심경』이 심
학의 실천적 매뉴얼이라면, 『근사록』은 마음의 우주론적 기원
에서부터 공부, 사회정치적 적용에 이르는 심학의 이론적 체계
를 다루고 있다. 주자는 삼경이 역사와 문학, 우주에 대한 안목
을 키워 주고, 사서는 사회관계에서의 태도와 행동방식의 조언
에 집중한다는 점에서 '외면적' 성향을 띠고 있기에, 그 빈자리
를 메우려고 『근사록』을 편집해 '심학'에 집중하고자 하였다. 그
래서 주자는 '사서는 육경의 사다리요, 근사록은 사서의 사다
리'라고 하였다. 17세기 조선의 조정에서도 근사록은 늘 심경과
짝을 이루어, 심경이 '마음을 다스리는 법'을 갖추고 있다면, 근
사록은 '그 규모와 절목'을 갖춘 책으로, 심경이 '마음을 붙드는
큰 법'을 다룬다면, 근사록은 '마음을 붙드는 정미한 의리'를 다

룬 책이라며, 경연의 진강 교재로 자주 추천되었다. 그런데 근사록이 다루고 있는 '심학의 규모와 절목, 그 정미한 의리'는 사실상 이론과 실천의 전 분야에 걸쳐 있어 매우 광범위하고 포괄적이다. 근사록의 체제는 다음과 같다.

권	강령(綱領)	강목(綱目)
1	구단(求端)	도체(道體)
2		위학대요(爲學大要)
3	용역(用力)	격물궁리(格物窮理)
4		존양(存養)
5		개과천선극기복례(改過遷善克己復禮)
6	처기(處己)	제가지도(齊家之道)
7		출처진퇴사수지의(出處進退辭受之義)
8		치국평천하지도(治國平天下之道)
9		제도(制度)
10	치인(治人)	군자처사지방(君子處事之方)
11		교학지도(教學之道)
12		개과급인심자병(改過及人心疵病)
13	변이단(辨異端)	이단지학(異端之學)
14	관성현(觀聖賢)	성현기상(聖賢氣象)

표 1 『근사록』의 체제와 구성

이 표에서 보는 바와 같이, 근사록은 우주의 원리와 인간 본성의 관계를 밝힌 권1의 '도체'로부터 고대에서 송대에 이르는 성현의 계보를 밝힌 권14의 '성현기상'에 이르기까지, 본체론과 심성론, 공부론을 포함한 성리학의 이론적, 실천적 문제를 폭넓게 다루고 있다. 그래서 퇴계는 '근사록은 주역의 설을 많이 인용하여 의리가 정밀하고 깊어서 초학자들이 얼른 알기 어렵기 때문에 처음 공부하는 사람에게는 가르치지 않는다'고 하였다. 즉, 조선 후기 소수서원 강학에서 근사록을 실제로 통독했다는 사실은, 당시 소수서원 거재 유생들의 학문적 수준이 어느 정도였는지를 짐작할 수 있게 해 준다.

한편, 사서나 근사록보다 아래에 있지 않으며, 마음공부의 실질적인 공효에 있어서는 근사록보다도 더 긴절하다고 할 만큼 심경의 가치를 중시했던 퇴계가, 한편으로 심경보다 더 절실하게 여긴 책이 있었으니, 바로 『주자서절요』다.

"또 말하기를, '내 경우에는 주자서절요보다 나은 것이 없었다. 친구들이나 제자들의 자질이나 병통이 제각기 다르기 때문에, 그 자질에 따라 가르치고 증세에 따라 약을 썼으니, 그 많은 문답 가운데에 어찌 자연히 자신에게 맞는 것이 있지 않겠는가. 진실로 잠심하고 음미하여 마치 직접 얼굴을 뵙고 가르침을 받는 것같이 한다면, 자신을 수양하는 공부에 어찌 도움 되는 것이 적다 할 것인가' 하였다."

－『퇴계언행록』권1,「讀書」

퇴계가 여기서 '학문을 시작하는 데에는 심경보다 긴절한 것이 없으나, 자신의 경우에 주자서절요보다 나은 것이 없었다'고 한 이유는, 바로 심경과 주자서절요가 다루는 심학의 층위가 각각 다른 것이었기 때문이다. 즉, 심경은 심학의 연원과 실천적 방법에 대한 '일반론'을 다룬 것이라면, 주자서절요는 그 심학의 실천법을 현실에서 직접 적용할 때 각자가 당면하게 될 수많은 난관과 그에 따른 처방, 이를 극복해 가는 과정을 실제 사례를 통해 제시한 '실제적인 지침서'였기 때문이다.

『주자서절요』는 퇴계가 벼슬을 사직한 뒤, 조정에서 간행한 『주자대전』을 얻어 낙향하여 방문을 닫아걸고 탐독한 끝에, 특히 그 편지글에서 더욱 감동을 받아 48권의 편지 중에 학문에 도움이 되고 실생활의 적용에 절실한 것들을 뽑아 14권 7책으로 편집한 것이다. 편집을 마친 1558년 4월에 퇴계는『주자서절요』서문을 지어 이 책을 엮은 의도를 다음과 같이 밝히고 있다. '주자대전 중에서도 특히 주자가 제자들과 주고받은 편지에는 각자의 자질이나 병통과 증세에 따라서 각자 학문하는 데 겪었던 고충이 다양하게 제시되어 있으며, 그에 따른 스승 주자의 처방 역시 다양하다. 따라서 때로는 억제하고 발양하며 때로는 격발하고 꾸짖어서, 서로 끊임없이 노력하고 도리를 따르는 모습이 사람을 감동하게 하여, 이를 보는 사람 역시 감발하고 흥기하게 하는 실효가 직접 눈앞에서 가르침을 받는 것과 같다. 그러나 편지의 분량이 너무 방대하여 후학들이 탐구하기가 쉽지 않으므로, 그중 요긴한 것을 뽑아 편집한다.' 특히, 이 책은 사제지간에 실제로 있었던 일을 기록한 것이므로, 학자들로 하여금 학문의 단서를 찾아 흥기하게 하는 실제적인 힘이 있음을 강조하며 퇴계는 다음과 같이 말한다.

"대저 사람이 공부를 하려고 하면 거기에 반드시 발단하여 일으키는 곳이 있어야만 비로소 이로 인하여 앞으로 나아갈 수 있다. 세상에는 재주가 뛰어난 자들이 많고 성현의 글을 근실하게 읽고 외우는 자도 많지만, 그럼에도 불구하고 끝내 도학에 노력을 기울이는 자가 없는 것은 다른 이유가 아니라, 다만 그 단서를 일으켜서 마음에 작심하는 바가 없기 때문이다.

그런데 지금 이 편지글에 기록된 말들은 모두 한때 스승과 벗들 사이에서 그 지결을 강명하며 실제 공부하는 과정에서 꾸짖고 면려한 것들이니, 저들과 같이 범범하게 논한 것과는 그 성격이 같지 않다. 그러니 그 내용들 중 어느 것이 사람들의 뜻을 불러일으키고 사람들의 마음을 작심하게 하지 않는 것이 있겠는가. …

그러므로 만일 지금 세상에서 이 글을 읽는 자로 하여금 능히 마음을 비우고 뜻을 낮추어서 그 번거로움을 참고 깨달아 이해하게 하기를 저 선생님의 가르침처럼 한다면, 자연 그 학문의 길로 들어갈 곳을 알게 될 것이며, 이처럼 그 들어갈 곳을 얻은 다음이라야 비로소 가히 즐길 만한 맛이 단지 추환芻豢이 미각을 즐겁게 하는 정도만이 아니라는 것을 알게 되어, 이른바 규모를 크게 하고 심법을 엄히 하는 문제가 드디어 그 힘을 얻을 수 있을 것이다."

-『퇴계집』권42, 서,「朱子書節要序」

즉, 『심경』에는 심학의 공부법과 경의 공부론이 매우 상세하여 갖추어지지 않은 것이 없지만, 문제는 이를 실제 적용하는 데 있어 사람마다 자질과 능력, 병통이 각자 다르다는 데에 있었다. 그런데 심경에는 일반론만 제시되어 있을 뿐, 사람마다 각기 다른 자질과 병통에 따른 처방까지 실려 있는 것은 아니었다. 『주자서절요』는 바로 이 문제를 해결하는 실제적인 실마리를 제공해 주는 책이었다. 그래서 퇴계는 이 책을 읽는 사람은 심경에 제시된 심법을 엄격히 실천할 수 있는 '실제적인 힘'을 얻을 수 있을 것이라고 강조하고 있다.

18세기 소수서원 통독에서 특히 『주자서절요』를 집중적으로 통독한 것은, 이처럼 심학을 실천하는 데 있어 이 책이 가장 직접적이고 실제적인 지침서가 되었기 때문이다. 또한 19세기에도 통독의 교재를 선정하면서 '지금 후생들이 오로지 과거 공부에만 몰두하고 옛사람의 위기지학에는 전혀 힘을 쓰지 않아 『주자서절요』 한 질帙을 읽지 못한 자가 많습니다'라고 함으로써, 과거 공부가 아닌 위기지학을 위해 공부해야 할 핵심적인 텍스트로 여전히 퇴계의 『주자서절요』를 꼽고 있다.

이상에서 살펴본 바와 같이, 18세기 소수서원에서 집중적으로 통독한 교재 중 『근사록』은 '심학의 이론적 체계를 종합적으로 제시한 책'이라면, 『심경』은 '심학의 실천법을 다룬 일반론', 『주자서절요』는 심학의 공부법을 현실에서 적용할 때 부딪히는 수많은 난관과 그에 따른 처방 및 극복의 실제 사례를 다룬 '심학의 실제적인 지침서'였다고 할 수 있다. 이와 같이 심학의 이론과 실천을 다룬 텍스트를 거재에서 매일 통독했다는 사실은, 18세기 소수서원 강학이 지향하는 바가 어디에 있었는지를 잘 보여 준다. 즉, 사서삼경과 소학을 대상으로 한 개별 독서는 '장수의 과정'이면서 동시에 과거시험 과목이기도 했지만, 통독에서는 과거시험과는 전혀 무관한 텍스트를 대상으로 함으로써, 철저하게 '심학의 탐구와 실천'을 목적에 두고 있었다.

18세기 소수서원에서 활용한 실제 통독 교재는 다음과 같다.

거재 기간 중 부분적으로 병행했던 과업은 거재의 마지막 날, 혹은 거재 기간 중 일부의 시간을 할애하여 한두 차례 제술

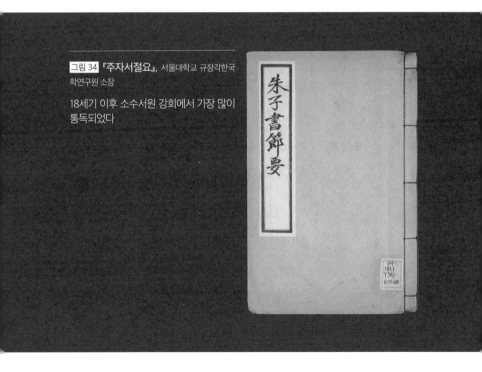

그림 34 『주자서절요』, 서울대학교 규장각한국학연구원 소장

18세기 이후 소수서원 강회에서 가장 많이 통독되었다

을 행한 뒤 평가하여 거재록에 점수를 기록하였다. 제술 과목은 대개 서원에서 시와 부를 각 한 수씩 출제하고 유생들에게 그중 택일하여 시권을 작성하도록 하였으며, 18세기 후반부터는 시 제의 출제와 채점에 순흥부사가 참여하기도 하였다. 18세기 이 후 과업에 대해 규정한 절목은 다음과 같다.

연도	거재 기간	통독 교재	수록처
1720-1721	1720. 11-1721. 1	미상	「居齋錄」
1727-1728	1727.10-1728. 3	미상	「居齋定規」
1729	11-12	미상	「居齋錄」
1730	11-12. 16	「소학」, 「심경」, 「근사록」	「居齋節目」
1737	11-12	미상	「居齋錄」
1744	11-12	미상	「居齋錄」
1749	10. 16-12. 19	「소학」, 「심경」, 「주자서」, 「퇴계집」	「居齋節目」
1750	10월	미상	「居齋錄」
1754	11-12	미상	「居齋錄」
1760	10. 22-12. 3	성리서	「居齋節目」
1761	11. 24-12. 13	「심경부주」, 「근사록」	「通讀日記」(「居齋雜錄」)
1762	10. 15-11. 29	「근사록」	「通讀日記」(「居齋雜錄」)
1763	11. 2-12. 3	「주자서절요」	「通讀日記」(「居齋雜錄」)
1766	10. 15-12. 13	「주자서절요」	「通讀日記」(「居齋錄」)
1780	10. 20-12. 8	「주자서절요」	「居齋日記」(「居齋錄」)
1789	5. 10-5. 16	「대학」	「通讀日記」(「居齋錄」)

1790	10. 25-11. 28	『주자서절요』	「居齋日記」(『居齋錄』)
1792	11월 한 달	미상	雲院齋錄
1793	11. 13-12. 16	『주자서절요』	「居齋日記」(『居齋錄』)

표2 18세기 소수서원 거재居齋의 통독通讀 교재

• 4월 이후가 방학이라 하더라도 과거시험이 있는 해에는 대동설접大同設接과 백일장 등을 폐지해서는 안 된다. 반드시 농사가 한가한 틈을 살펴 거행하는 것을 불변의 규례로 삼는다.

• 과거 공부가 비록 학자에게 둘째, 셋째 가는 일이지만, 과거시험이 없는 해라고 해서 유의하지 않으면 안 된다. 모름지기 반 개월 기한 내에 혹 한두 차례 출제하여 재능을 시험한다.

• 과거 과목에 대한 공부 역시 중요하지 않은 일이 아닌데, 지금 과거에 대한 규정이 새로 반포되었으니, 강규를 새로 밝혀 거재 시 읽는 책은 반드시 삼경과 소학을 급선무로 삼는다. 수십 일 안에 한 질의 책을 다 읽을 수는 없으나 그사이에 읽은 바는 반드시 정밀하고

익숙하게 송독하여 실효가 있도록 한다.

• 과거 문체는 실지 공부가 아니지만 세속에서 숭상하는 것도 아울러 다루지 않을 수 없다. 독서하는 여가로 같이 책문을 지어 과거 공부를 함께 익히는 것도 무방할 듯하다.

• 과거 문체는 실지 공부가 아니지만 세속에서 숭상하는 것도 그만둘 수 없다. 독서하는 여가에 각자 능한 분야로 글을 지어 정해진 시각에 시권을 거둔다.

이와 같이, 거재가 끝난 방학 기간에도 과거시험이 있는 해에는 거접이나 백일장을 열어 과업을 준비시키고, 보름의 거재 기간 중에도 꼭 한 두 차례는 제술을 행하여 과거시험이 없는 해에도 제술에 대한 훈련을 쉬지 않도록 하였으며, 과거에 대한 규정이 새로 반포되자 거재에서 개별 독서의 교재를 과거 규정에 맞추어 변경하기도 하는 등, 18세기 이후 도학을 목적으로 한 교육에서도 한편으로 과거 공부는 늘 염두의 대상이 되고 있다. 비록 '학자에게 과거 공부는 둘째, 셋째 가는 일이며, 과거 문체는 실지 공부가 아니다'라고 함으로써, 거재의 첫째 목적은

'도학'에 있으며, 과거 공부는 어디까지나 부차적인 것이라 강조하고 있지만, '과업' 역시 18세기 거재의 목적 중 하나였음은 부인할 수 없다.

한편, 과업을 목적으로 한 '거접'과 18세기 이후 도학을 목적에 둔 '거재'의 가장 큰 차이는 거접은 상읍례, 경독, 통독, 수창시 등의 절차 없이 철저하게 제술 훈련만을 중심으로 이루어졌다는 것이다. 서원 혹은 관에서 매일 시·부·의·의·책 등 과거 문체로 시제를 출제하고, 유생들이 정해진 시간 안에 시권을 작성하여 제출하면, 이를 채점하여 성적을 매기고 그중 우수자를 선발하여 방목을 작성하고 시상을 베푸는 방식으로 거접이 시행되었다. 이때 시제의 출제와 고시는 16세기에는 주로 풍기군수 등 지방관이, 18세기에는 서원에서 담당하고, 18세기 말부터 다시 순흥부사가 참여하기 시작하다가 19세기에는 순흥부사가 원장을 겸임하게 되면서 겸원장이 주로 담당하였다.

한편, 18세기 후반부터는 서원의 재정 약화로, 유생들의 과업을 위해 거접 대신 백일장과 순제를 더 많이 개설하였다. 백일장과 순제는 거접과 마찬가지로 과거 대비를 위한 제술시험을 내용으로 하였으나 거접과 달리, 서원에서 숙식을 제공하지 않고 당일로 치르거나 과제 형식으로 부과하여 시권만 거두는 방식이었기 때문에, 비용이 거의 들지 않으면서도 과거에 응시할 유생들에게 과업을 준비시킬 수 있는 효율적인 교육 방식이었다.

거재와 거접·백일장·순제는 개설 시기에도 차이가 있었다. 18세기 이후 소수서원에서는 대개 봄, 여름에는 과업을 위한 거접·백일장·순제를, 가을과 겨울에는 거재나 통독을 개설하였는데, 거재는 해와 무관하게 서원의 재력이 닿는 대로 개설된 반면, 거접·백일장·순제는 주로 식년시, 과거시험 한 해 전인 상식년이나 별시 과거가 설행되는 해에 집중적으로 개설되었고, 과거가 있는 해에는 거접·백일장·순제를 연이어 개설하는 경우도 있었다. 거접·백일장·순제의 제술 과목은 간혹 의疑·의義·책策·고풍古風이 출제되기도 하였으나 대개는 시부를 중심으로 출제하였다. 주로 시부를 대상으로 상식년에 집중적으로 개설된 것을 통해 소수서원의 과업은 대개 생원, 진사시의 초시와 복시, 혹은 문과 초시 대비를 목표로 한 것이었음을 알 수 있다.

또한 거재에서 병행된 제술 시험에서는 별도의 방목을 작성하지 않은 반면, 19세기부터 거접·백일장·순제에서는 제술을 시행한 뒤 방목을 작성하기 시작하였다. 방목에서는 참여 유생 전체가 아닌 상위권만 일부 선발하여 성적순으로 명단과 함께 점수를 기록하여 공개하였다. 때때로 방목에 든 우수 유생들에게는 시상을 베풀기도 하였다. 방목에는 대개 적게는 10-15%,

많게는 25-30%의 유생이 선발되었다. 즉, 방목은 유생들 사이에 경쟁을 유발하여 학습의욕을 고취시키는 한편, 과거시험에 대비하여 개인의 실력을 객관적으로 확인할 기회를 제공함으로써 보다 효과적으로 과업을 준비시키고 유생들을 격려하는 효과를 노린 것이었다.

요컨대, 18세기 이후 소수서원 교육 활동은 '도학'을 목표로 한 '거재'와 '과업'을 목표로 한 거접·백일장·순제의 두 가지로 나눌 수 있다. 거재에서는 '도학의 탐구와 실천'에 본령을 두고 '이택관선의 실현'을 목적으로 개별 독서, 통독, 경독, 정읍례 등 다양한 교육과정을 시행하였으며 과업은 부차적으로 병행하였다. 그러나 거접·백일장·순제는 대개 소과 초시와 복시 및 문과 초시를 준비하는 유생들에게 보다 효과적으로 과업을 준비시키는 데 목적을 두고 철저하게 시부 제술 훈련을 중심으로 이루어졌다. 또한 과업을 위한 과정에서 통독이나 경독, 정읍례 등의 강학 의례가 병행되는 경우는 없었다. 즉, 17세기까지 과업 중심으로 이루어지던 소수서원 교육은 18세기에 파격 논쟁이 종결되면서 서원교육의 본령을 '과업'이 아닌 '도학'으로 표방하며, 도학을 위한 교육과정으로서 통독이 매우 중시되었다. 그러나 한편, 거재 기간 중 부차적으로 제술을 시행하고, 과거가 있는 해에는 별도로 과거대비를 위한 교육과정을 개설하는 등 과업과 도학을 위한 교육이 병행되고 있었다.

19세기, 시험을 통해 시험의 폐해를 가르치다

18세기 이래 과업과 도학을 병행하면서 한편, 소수서원의 지도자들은 서원에서의 과거 공부에 대해 일종의 부담감과 두려움을 늘 안고 있었다. 이는 유생들이 과거 공부에 마음을 뺏겨 공부의 본말이 전도되지 않을까 하는 우려 때문이었다. 따라서 소수서원 원장들은 과업과 도학을 병행하면서도 유생들에게 학문의 본질은 결코 과거나 부귀영화가 아닌 도학에 있음을 늘 강조하였다.

1826년 11월에는 이가순이 원장으로 통독을 개설하였는데, 11월 26일부터 30일까지 매일 상읍례, 경독, 통독을 행하고, 그중 3일은 경독, 통독과 함께 서원에서 출제하여 시부 제술을 시행하였다. 통독에서는 『주자서절요』와 『통감절요』를 각 4편씩 읽고, 27일부터 29일까지 3일간은 통독과 함께 시부 각 5수씩 출제하여 제술을 시행한 뒤 방목을 작성하였다. 그런데 통독을 마치면서 동주 이가순은 '강독하는 사이에 과거 문체중 시부 각 다섯 개의 시제로 시험하였다. 오직 화려한 문장으로 선후를 다투는 것에 대한 경계를 조금 범하였으니 부끄럽고 두려워할 만하다'고 기록하고 있다. 서원에서의 과거 공부에 대한 그의 인식을 엿볼 수 있는 대목이다.

여기서 '선후를 다투는 것에 대한 경계를 범하였다'는 것은 바로 방목을 말한다. 즉, 18세기까지는 거재 기간 중 시행한 제술에서는 방목을 작성하지 않았으나 19세기 전후 겸원장 제도의 시행으로 순흥부사가 원장을 겸임하게 되면서 거재의 제술에서도 방목을 작성하는 것이 상례로 정착되기 시작하였다. 그런데 방목 작성은 필연적으로 유생들 사이에 경쟁심을 조장할 수밖에 없었다. 방목은 유생들에게 자신의 실력을 객관적으로 검증할 기회를 제공함으로써 보다 효율적으로 과업을 준비시키는 한편, 유생들을 격려하는 차원에서 작성한 것이었는데, 이는 본의 아니게 성적순으로 유생들을 서열화하는 결과가 되어, 유생들 사이에 지나친 경쟁심을 유발하는 부작용의 위험이 있었던 것이다. 이가순이 '선후를 다투는 것에 대한 경계를 범하였다'고 한 것은 바로 이 부작용을 지적한 것이었다.

이와 같이 서원에서의 과업이 유생들을 마음공부보다 문장의 수식에 치중하게 하고, 방목에 들기 위해 서로를 경쟁 상대로 여기게 한다면, 이는 18세기 이래 도학의 탐구와 실천을 표방했던 소수서원 교육의 목적에도 정면으로 위배되는 것이었다. 따라서 유자로서의 본업인 '도학'과 현실적 요청에 의한 '과업'을 병행하면서도, '어떻게 하면 유생들로 하여금 과거 공부를 하더라도 학문의 뜻을 빼앗기지 않고, 도학에 종사하면서도 과업이라는 현실 문제를 외면하지 않음으로써, 그 두 가지 공부를 조화롭게 실천해 가도록 할 것인가'가 늘 풀어야 할 숙제였다. 즉, '강독하는 사이에 오직 화려한 문장으로 선후를 다투는 것에 대한 경계를 조금 범하였으니 부끄럽고 두려워할 만하다'고 한 위의 고백은, '과업과 도학의 갈등과 조화' 사이에서 이를 어떻게 원만히 해결해 갈 것인가에 대한, 19세기 소수서원 지도자로서 동주 이가순이 지니고 있던 고민의 일단을 드러내는 대목이다.

1827년 12월에는 강운이 원장을 맡아 거재를 개설하였다. 12월 1일 당회를 열어 거재를 개설하기로 하고 각 면에 통문을 발송한 뒤, 6일부터 원임들이 입재하기 시작하여 7일부터 17일까지 매일 경독, 통독, 제술을 병행하며 11일간 거재를 시행하였다. 통독에서는 『중용』 서문부터 시작해 1장부터 16장까지 강독하였다. 제술 시제는 14일부터 16일까지는 순흥부사가 출제하고, 나머지는 서원에서 출제하였으며, 매일 시부 1, 2수씩 출제하여 방목을 내고 마지막 날인 17일에는 파재를 기념하여 특별히 평소보다 더 많은 시제를 내어 시·부·의 3수씩 출제하였다. 그런데 보통 파재일의 시제 출제는 순흥부사에게 부탁하던 평소의 관행과 달리, 이 날의 제술 시제는 의도적으로 동주 강운이 직접 출제하고 있다. 16세기부터 소수서원의 거접이나 거재의 마지막 날에는 보통 '파접례'라고 하여, 파접이나 파재를 기념하고 유생들의 공부를 격려하는 차원에서 제술 시제의 출제를 지방관에게 부탁하는 관례가 있었다. 이에 파접일이나 파재일에 지방관은 시제의 출제와 함께 주찬을 베풀기도 하고, 서원에 방문하여 유생들과 직접 경서를 강론하기도 하며, 제술도 평소보다 큰 규모로 거행하고 지방관이 직접 채점하여 시상을 베풀기도 하였다. 이와 같은 지방관의 참여는 그 자체로 매우 효과적이어서, 유생들의 참여를 확대시키는 강력한 계기가 되었다. 따라서 지방관이 제술을 직접 주관하는 파재일에는 보통 평소의 2-3배에 달하는 많은 유생이 몰려들곤 하였다.

그런데 유생들의 참여를 증대시키고 서원교육의 활성화에도 기여한다는 점에서, 서원에서도 권장해 왔던 지방관의 제술 참여는, 언제부터인가 유생들의 경쟁을 과열시키는 부작용을 낳기 시작했다. 한 해 전 동주 이가순도, 거재나 통독에서 제술을 병행하고 방목을 작성하여 유생들을 서열화하는 것이, 결국 유생들에게 선후를 다투는 경쟁을 조장함으로써 도학 공부에 누를 끼칠까 부끄럽고 두렵다고 하였는데, 부사가 주관하는 파재일의 제술 행사는 결과적으로 그 경쟁을 더욱 부추기는 계기로 작용하고 있었던 것이다.

물론 서원에서 제술을 행하고 일부를 선발하여 방목을 작성한다는 것 자체가 이미 '경쟁을 전제'로 하는 것이었다. 그러나 그 경쟁은 어디까지나 도학 공부에 방해가 되지 않는 범위 내에서 허용되는 '선의의 경쟁'이어야 했다. 그런데 문제는 그 경쟁이 선의의 경쟁에 머물지 않고 점점 '과열화'된다는 데 있었다. 그렇다고 대부분의 유생이 과업을 준비하고 있던 서원의 현실에서 제술을 완전히 폐지할 수도 없었다. 따라서 이를 해결할 수 있는 유일한 절충안은 '경쟁 자체'를 없애기보다, 경쟁을 시키되 그 경쟁이 도를 넘지 않도록 조절하는 데 있었다. 이에 그는 '시험을 통해 시험의 폐해를 비판하게 하는' 우의적인 방법을 사용함으로써 이에 대한 돌파구를 찾고자 하였다. 이는 한편 역설적이면서 동시에 대단히 사려 깊은 묘책이었다. 그는 파재일의 제술 시제를 부사에게 부탁하는 대신 자신이 직접 시제를 출제하기로 하고, '경쟁', '의義와 이利'를 주제로 하여 '쟁爭' 자로 압운하는 시제를 출제함으로써, 유생들 스스로 경쟁의 폐해에 대해 성찰하게 하는 전략을 구사하였다. 이때 그가 출제한 시험문제는 다음과 같다.

• 시제詩題: '그런 경쟁이 군자의 것이다(其爭也君子)' –
'爭(쟁)' 자로 압운

• 부제賦題: '달마다 경쟁하게 하니 이는 선비를 가르치
고 기르는 도리가 전혀 아니다(月使之爭 殊非敎養之道)'

• 의제疑題: '묻는다. '공자는 '리利'에 대하여 드물게 말
하였다'고 한 것에 대해 정자가 말하길 '이익을 따지면
의리를 해친다'고 하였다. 성인은 꼭 말을 하는 분이 아
닌데, 드물게 말하였다는 것은 무슨 뜻인가?(問子罕言利
程子曰 計利則害義 聖人不必言 而其所罕言者 何歟)

　시제詩題의 '기쟁야군자其爭也君子'는 『논어』의 '군자는 경쟁하
는 일이 없으나 반드시 활쏘기에서는 경쟁한다. 읍양하고 올라
갔다가 내려와 술을 마시니, 그것이 군자의 경쟁이다'에서 인용
한 것이며, 부제賦題의 '월사지쟁月使之爭 수비교양지도殊非敎養之
道'는 『소학』의 '학교는 예의를 가장 우선시하는 곳인데, 달마다
시험으로 경쟁하게 하니 이는 선비를 가르치고 기르는 도리가
아니다. 청컨대 시험을 과제로 바꿔 혹 이르지 못한 유생이 있
거든 학궁에 불러 가르치게 하고, 다시는 점수의 높고 낮음으로
유생들을 정해서는 안 된다'에서 인용한 것이다.

　원장 강운은 '군자의 경쟁과 소인의 경쟁이 어떻게 다른지'

를 다룬 『논어』의 구절과 '학교에서 선비를 대우하는 도리는 경쟁이 아니라 먼저 예와 의를 익히고 실천하도록 하는 데 있음'을 언급한 소학의 구절을 인용하여 시와 부에서 모두 '경쟁爭'을 주제로 시험문제를 출제하고 있다. 즉, 당시 과열화된 경쟁에 사로잡혀 있는 자신에 대해 스스로 성찰하지 않고서는 쓸 수 없는 시제를 출제함으로써, 유생들에게 제술 시험으로 경쟁을 시킴과 동시에 경쟁의 폐해에 대한 글을 직접 쓰게 하여 스스로 글을 짓는 과정에서 자신의 문제를 성찰하고 자발적으로 해결하기를 꾀한 고도의 전략이자 매우 우의적인 방법이었다.

이를 통해, 19세기 소수서원에서는 과업과 도학을 병행하되, 과업이 서원 강학 본래의 목적인 도학에 누를 끼치지 않으면서, 두 가지 공부가 최대한 조화롭게 운용되도록 하기 위해 부단히 노력하고 있었음을 엿볼 수 있다. 원장 강운은 과업으로 인해 유생들의 경쟁이 과열화되는 순간, 유생들 스스로 경쟁심에 사로잡힌 자신을 성찰하게 함으로써, 이익을 추구하다가 의리를 해치는 결과가 되지 않도록 조절하고자 하였다. 이는 동시에 당시 통독에서 유생들과 강론했던, '미발과 이발의 기미를 살펴 인심과 도심의 경계에서 인심으로 떨어지지 않게 하는' 『중용』의 가르침을 실천하는 과정이기도 했다.

이상에서 살펴본 16세기 이래 소수서원 교육과 과거 대응 방식에 나타난 다양한 변화는 결국 '서원은 어떤 교육을 하는 곳이어야 하는가'에 대한 지속적인 문제 제기의 과정이자, '과업과 도학의 갈등과 조화' 사이에서 어떻게 하면 지식과 덕성이 괴리되지 않고 서원교육을 통해 유학 본래의 교육 목적을 달성할 것인가에 대한 부단한 고민의 과정이었다고 할 수 있다. 즉, 조선시대 서원은 결코 과거와 대립한 것이 아니었다. '과업의 명소'로 이름난 16세기 소수서원이 17세기에 이르러 비판받기 시작한 것도 서원에서 '과거 공부를' 했기 때문이 아니라 '과거 공부만' 했기 때문이었다. 과거 공부에 종속되어 학문의 뜻을 빼앗기고, 지식과 덕성의 결합이 아닌 괴리를 낳으며, 공부로부터의 실존적 소외와 단절이라는 폐해를 극복할 수만 있다면 도학과 과업은 충분히 병행될 수 있고, 병행되어야 하는 것이었다. 19세기 소수서원에서 그 폐해는 방목으로 인한 서열화와 과열 경쟁으로 나타났고, 이를 극복하기 위한 원장 강운의 우의적 해법은, 과업과 도학의 두 마리 토끼를 잡기 위해 조선시대 서원이 겪어야 했던 고군분투의 과정을 잘 보여 준다.

7

학규에서는
과업을 금했으나
현실에서는 병행한
석실서원의 일화

과업을 엄격히 금지한 석실서원 학규와 '실심·체행'의 강학 이념

　조선 후기 노론계의 대표적인 서원이자 서울 지역 낙론의 진원지였던 석실서원은 학규에서 '만약 과거 공부를 하고자 하는 자는 다른 서원으로 가야 한다'고 하여 서원에서의 과거 공부를 엄격히 금하고 있었다. 그렇다면 현실에서는 이 금지 규정이 과연 얼마나 지켜졌을까? 그에 앞서 우선 학규의 내용을 살펴보자. 석실서원의 규약은 김원행이 제정한 것으로, 서원 운영 전반을 규정한 '학규'와 강회에 대한 규정인 '강규'로 구성되어 있다. 학규는 대개 율곡 이이의 「은병정사학규」를 토대로 약간의 수정을 가한 것이나 강규는 강학의 내용과 절차를 이전의 어느 규약보다도 가장 체계적으로 상세히 규정하고 있어 조선 후기 서원 강학 제도의 변천사와 체계화 과정을 드러내는 중요한 의미가 있다.

김원행은 '서원은 본래 강학을 위해 설립한 곳으로, 선비가 강학하지 않으면 사대부라고 할 수 없다. 우리 고을에는 이 서원이 있어 사대부에게 큰 다행이건만 강학이 이루어지지 않아 쓸쓸하니 사대부의 수치이다'라고 한탄하며, 경종 연간 소론의 박해로 침체되었던 석실서원의 강학을 재개하기 위해 먼저 학규와 강규를 제정하였다.

먼저 「석실서원학규」에서는 원생들의 입학 규정, 임원 조직, 삭망분향례와 상읍례, 일상생활과 학문에 임하는 태도 및 과거 공부에 대한 규정 등을 제시하였다. 입학 자격으로는 '나이와 귀천을 막론하고 독서와 배움에 뜻을 둔 사람이면 누구나 입학할 수 있다'고 하여 신분과 무관하게 배움에 뜻을 둔 자는 누구에게나 입학을 허락하였다. 임원 조직은 '원장-장의-유사'로 구성하여 덕과 지위가 있어 선비들에게 존경받는 사람을 추대하여 원장으로 삼고, 원생 가운데 유식자를 한 사람씩 뽑아 장의와 유사로 삼도록 하였다. 매월 삭망일에는 사묘에 나아가 분향례를, 매일 해가 뜰 무렵에는 사묘의 바깥뜰에 모두 모여 동서로 상읍례를 행하도록 하였다. 또한 기상부터 취침까지 하루일과 및 일상생활에서 지켜야 할 몸가짐과 언행에 대한 세칙을 매우 구체적으로 규정하고 있다. 특히 '집으로 돌아가서도 절대로 서원에서 익힌 습관을 잊어버려서는 안 된다. 혹 서원에 들어와서는 열심히 하지만 나가서는 방종한다면 이는 두 마음을 품은 것이니 용납할 수 없다'고 하여 서원에서의 행실뿐 아니라 거가居家 시의 행실까지 경계하고 있다. 또 서원 안에서 읽어야 할 책으로 '역사책은 허락하되 성인의 책이나 성리설이 아닌 책은 읽어서는 안 되며 만약 과거 공부를 하고자 하는 자는 다른 서원으로 가야 한다'고 하여 서원에서의 과거 공부를 엄격히 금하고 있다.

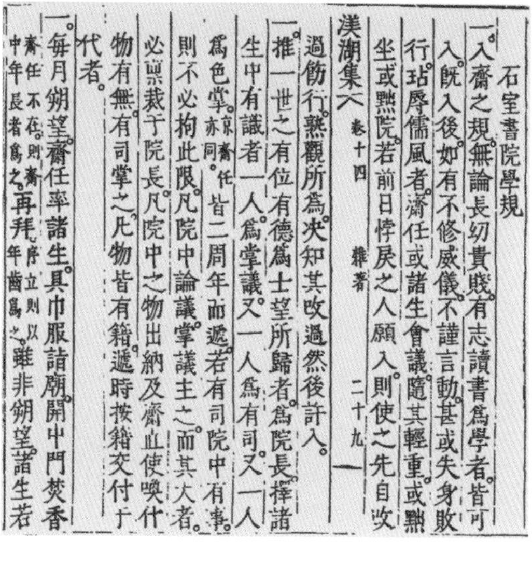
石室書院學規
一入齋之規無論長幼貴賤有志讀書爲學者皆可入既入後如有不修威儀不謹言動甚或失身敗行玷辱儒風者齋任或諸生會議隨其輕重或黜坐或黜院若前日悖戾之人願入則使之先自改

渼湖集 卷十四 雜著 二十九

過飭行熟觀所爲決知其改過然後許入
一推一世之有位有德爲士望所歸者爲院長擇諸生中有識者一人爲掌議又一人爲有司又一人爲色掌京齋任亦同皆二周年而遞若有司院中有事則不必拘此限凡院中論議掌議主之而其大者必禀裁于院長凡院中之物出納及齋直使喚什物有無有司掌之凡物皆有籍遞時按籍交付于代者
一每月朔望齋任率諸生具巾服詣廟開中門焚香齋任不在則齋中年長者爲之再拜序立則以年齒爲之雖非朔望諸生若

그림 35 『미호집』「석실서원 학규」, 서울대학교 규장각한국학연구원 소장

강회에 대한 규정인 「석실서원 강규」는 총 14개 조항으로, 강장의 선임과 강회 참석자의 명단인 '강안講案'의 작성, 교육과정, 강회 개최 시기와 진행 방식, 청강생의 조건, 경독 교재의 목록, 직월의 강회록 작성, 불참자의 질문 제출, 불참자에 대한 규정과 처벌 등 강회의 절차에 대해 매우 상세히 규정하고 있다. 강회는 매달 16일에 개최되었다. 강회 시에는 별도로 경술과 행의로 추앙받는 자를 강장으로 차정하여 원장과 함께 강회를 주관하게 하였다. 제생들이 만약 이유 없이 불참할 경우에는 그 사정과 불참 횟수에 따라 훈계, 퇴출, 강안에서 삭제하는 등의 처벌이 내려졌다. 교육과정 및 독서의 순서는 반드시 '소학-대학-논어-맹자-중용-심경-근사록'의 순서로 공부한 이후에 다른 경서를 보도록 하였으며, 한 책을 다 본 뒤에도 여러 번 반복하여 완전히 익숙해질 때까지는 다른 책으로 넘어가지 못하도록 하였다. 응강 시에는 30세 이하의 젊은 유생들에게는 교재를 보지 않고 암송(背講)하게 하고, 30세 이상의 유생들에게는 교재를 보고 강독(臨講)하게 함으로써, 연령에 따른 차별화된 학습법을 사용하였다. 또한 강의를 듣는 데서 그쳐서는 안 되고 반드시 문답과 토론의 '실제'가 있어야 함을 강조하였다.

　　또한 「석실서원 강규」의 말미에는 강회에 수반되는 강학 의례에 대해 규정한 '강의講儀'를 첨부하여 강회 시의 모든 의식절

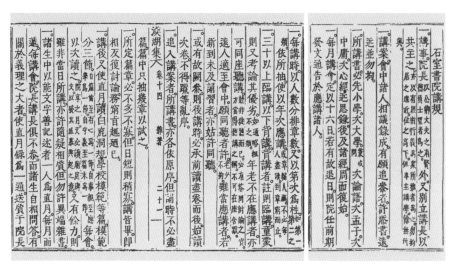

차를 상세하게 제시하였다. 강회의 의식은 집례 선정, 서안과
생통 설치 등 준비절차에서 시작하여 크게 '알묘례-강당으로
입장-상읍례-도기 작성-응강應講-문답과 토론-경독-상읍례-
퇴장'의 순서로 진행되었다. 강회일에는 먼저 한 사람을 집례執
禮로 정하여 모든 의식절차를 집행하도록 하였다. 강회일 아침
이 되면 재복(서원의 일을 맡아보는 하인)은 강당에 먼저 자리를 깔
고 서안書案 하나를 북벽 아래에 설치하여 그 위에 당일 강할 책
을 놓고 서안의 왼편에 생통을 설치하였다. 원장과 강장, 제생
이 모두 모이면 강회를 행하기에 앞서 사묘에 나아가 알묘례를

먼저 행하였다. 알묘 시에는 원장과 강장이 앞에 서고, 제생은 나이 순서대로 그 뒤를 따라 재배하였다. 알묘례가 끝나면 강당으로 가 상읍례를 행하였다. 원장과 강장은 동쪽 계단으로, 제생은 서쪽 계단으로 강당에 오르면, 원장과 강장이 먼저 읍한 뒤에 이어 제생이 원장에게 재배하면 원장은 답례로 읍하였다. 원장에게 재배한 뒤 제생들이 동서로 나누어 서서 제생끼리 서로 읍하면 상읍례의 절차가 끝났다.

상읍례를 마치면 강회 참석자의 명단인 도기到記를 작성하였다. 원장과 강장, 재임과 제생이 차례로 자리에 앉으면 재복은 제생들에게 나이순으로 돌아가면서 도기를 받아 강회록을 작성하는 직월 앞에 펼쳐 놓았고 이어 응강應講이 시작되었다. 제생이 한 명씩 돌아가며 생통이 놓인 서안 앞에 나아가 읍하면 직월은 생통에서 응강할 내용을 제비 뽑아 제생에게 보여 주고, 제생은 해당 내용을 나이에 따라 임강하거나 배강하였다. 응강하는 과정에서 조금이라도 의심나는 뜻이 있으면 서로 문답하여 각자의 소견을 다 한 뒤에 마치도록 하였다. 제생의 응강과 토론이 모두 끝나면 이어 직월이 대표로 주희의 「백록동규」나 이이의 「학교모범」 등을 경독하고, 마지막으로 원장과 강장, 원장과 제생, 강장과 제생 사이에 상읍례를 행한 뒤, 처음처럼 동서 계단으로 차례로 퇴장하면 강회의 모든 절차가 마무리되었다.

학규와 강규를 정비한 뒤 강학을 시작하면서 김원행은 특히 유생들에게 '실제에 힘쓸 것(務實)'을 강조하였다. 이때 '실제'란 경전의 장구를 입으로만 외고 떠드는 것이 아니라 '마음으로 체득하여 몸으로 실천하는 것(心體而躬履)'을 말한다. 김원행보다 앞서 석실서원의 강학을 주도했던 김창협과 김창흡이 학문의 가장 중요한 방법으로 '자득自得'을 강조하였다면, 김원행은 거기서 한발 더 나아가 '마음에 체득한 것을 지금 여기에서 내 몸에 실천할 것'을 강조한 것이다. 그는 성인과 나에게 똑같이 내재한 본성을 회복할 단서는 바로 강학에 있으며, 강학에서 가장 중요한 것은 '역행力行'과 '무실務實'에 있음을 다음과 같이 역설하고 있다.

> "맹자가 '성인은 나와 동류'라 하고, 안연이 '순임금은 어떤 사람이고 나는 어떤 사람인가. 그가 한 훌륭한 일을 수행하면 나도 그와 같이 될 수 있다'라고 한 것은 실로 이 성性이 똑같아 조금의 차이도 없다는 것을 알았기 때문이다. 나의 몸에 이미 성인과 같은 것이 있는데, 그것을 회복할 단서는 바로 강학에 있다. 강학에서 중요한 것은 힘써 행하여 실제를 실천하는 데 있다. 성인이 되고자 하면서 덕성을 쌓지 않는다면 실로 성인의

경지에 이를 수 없으며, 덕성을 쌓고자 하면서 학문을
말미암지 않는다면 마찬가지로 그 공효를 이룰 수 없
으니, 이것이 군자가 강학을 귀하게 여기는 이유이다.
이제 제군들은 이미 강학을 시작하였으니, 단순히 이
름만 추구하지 말고 반드시 그 실제에 힘써야 한다. 그
리하여 장구를 외고 말하는 데 주력하지 말고 반드시
마음으로 체득하고 몸으로 실천해야 한다. 예컨대 '성
의誠意'를 말할 경우에는 나의 뜻이 성실한가, 그렇지
않은가를 묻고, '정심正心'을 말할 경우에는 나의 마음이
바른가, 그렇지 않은가를 물으며, '수신修身'을 말할 경
우에는 나의 몸이 닦였는가, 그렇지 않은가를 물어야
한다. 공자는 '군자다운 학자가 되고 소인 같은 학자가
되지 말라'고 하였으니, 이름을 좇으면 소인이 되고 실
제에 힘쓰면 군자가 된다. 제군들은 군자가 되고 싶은
가, 소인이 되고 싶은가? 내 장차 그 결말을 보고 확인
하리라."

- 『미호집』 권14, 잡저, 「諭石室書院講生」

김원행이 제정한 학규와 강규에 따라 강회는 매달 16일에
꾸준히 개최되었다. 1753년부터 1754년까지는 주필남, 홍대용

등이 참석하여 매달 『소학』을 강독하였다. 1762년 3월에는 황윤석, 유한정 등 20여 명이 참석하여 『맹자』 공손추편을, 1763년 5월에는 『맹자』 7편을 강독하였으며, 1764년 6월에는 유생 12명이 모여 강회를 열고, 1769년 3월에는 황윤석 등이 참석하여 『중용』을 강독하였다. 김원행은 유생들에게 '실제에 힘쓰는 공부'의 근본은 자신에게 달려있는 것이지만, 서로를 감발시키며 이익을 얻기 위해서는 반드시 스승, 벗들과 함께 모여 강학해야 함을 강조하였다. 그는 어느 날 '함께 도에 나아갈 수 있는 자'라고 허여했던 문인 유한정이 몇 차례 강회에 불참하자, 혼자 하는 공부의 위험성을 경계하며 서원에서 '군거강학'하는 교육적 의미를 다음과 같이 역설하였다.

"지난번 강회에서 만나지 못하였으니 지금까지 서운하네. 서원에 머물겠다는 약속을 매번 어기고 있으니, 비록 불가피한 상황 때문이기는 하지만 이처럼 어물어물 지내다가는 세월만 헛되이 보내 나중에 후회해도 소용없을 것이네. 주렴계가 말하기를, '도와 의義는 사우를 통해 얻게 되니, 그 의리가 또한 소중하지 않겠으며, 그 모임이 또한 즐겁지 않겠는가'라고 하였네. 대개 이 일은 그 근본이 진실로 나에게 달려 있는 것이기는 하지만, 보고 감발하며 함께 강마講磨하여 얻는 이익으로 말하면 사우의 공을 속일 수 없네. '온갖 공인工人들은 공방工房에 거처하여 그 일을 이룬다'라고 하였으니, 사우가 있는 곳이 어찌 학자들의 공방이 아니겠는가. 그 공방에 거처하지 않으면서 그 일을 이룬 사람은 없었다네. 매양 이 때문에 우리 무리 중에 혼자서 공부하는 자들을 위해 두려워하고 근심하였다네. 그대는 어떻게 생각하는가?"

- 『미호집』권9, 서, 「與兪漢禎」

강규에서 김원행이 강회 불참자에 대한 처벌을 엄히 규정한 것도 바로 '사우의 도움 없이 오직 혼자 힘으로 도와 의를 얻기는 매우 어렵다'는 사실을 잘 알고 있었기 때문이다. 그는 또한 '군거강학'과 더불어 학문에 있어 가장 중요한 것은 중단하지 않는 것이며, 중단하지 않기 위해 가장 절실한 방법은 '경敬의 공부법'임을 강조하였다. 그는 "학문은 중단하지 않는 것보다 중요한 것이 없는데, 멈추지 않는 것의 요체는 또 '경' 한 글자보다 더 절실한 것이 없다. 경이란 마음의 주재로 동정을 관통하며 시종을 관철하는 것이다. 만일 이 주재가 확립되지 않으면 비록 멈추지 않으려 한들 가능하겠는가?"라고 한 뒤, 일용 공부에

서 경을 실천하기 위한 상세한 방법을 제시한 책으로 무엇보다
『소학』을 중시하였다. 그는 이때, 『소학』은 학자가 평생 공부해
야 할 책이니, 천근하다 해서 결코 소홀히 여겨서는 안됨을 강
조하며 석실서원 유생들에게 다음과 같이 말하였다.

> "삼대의 학문은 모두 인륜을 밝히는 것이다. 도를 추구
> 하면서 군신·부자·부부·장유·붕우에서 구하지 않는다
> 면 성인의 학문이 아니다. 그 내용이 『소학』에 가장 잘
> 갖추어져 있는데, 거기서 '경' 자를 논한 것은 또 심술心
> 術·위의威儀·언어에서부터 의복·음식에 이르기까지 정
> 추精粗·표리表裏에 걸쳐 극진하지 않은 데가 없다. 대
> 개 인륜을 밝히고자 하면서 몸가짐을 공경히 하는 데
> 에 근본을 두지 않는다면 또한 이를 밝힐 수 없을 것이
> 다. 이는 학자의 평생 공부이니 천근하다 해서 소홀히
> 하면 안 된다. 무릇 우리 당의 선비들은 어찌 서로 함께
> 부지런히 노력하지 않겠는가?"
>
> – 『미호집』 권14, 잡저, 「示諸生」

  그러나 독서와 마음공부(경 공부), 일상의 실천을 자꾸 별개
로 취급하는 병통이 나타나자, 그는 문인들에게 학문과 실천의

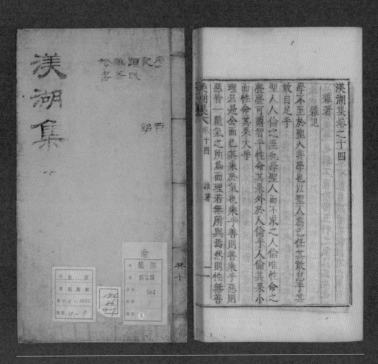

가장 근본이 되는 자세로 '실심實心'과 '체행體行'을 강조하였다. '실심'과 '체행'이란 앞에서 언급한 바와 같이, 독서를 통해 배운 것을 바로 지금, 이 자리에서 '마음으로 체득하고 몸으로 실천 하는 것(心體而躬履)'을 말한다. 그는 정자가 제시한 '함양涵養과

진학進學' 두 구절은 학자들에게 가장 중요하고 절실한 공부로 주자가 학문을 논할 때마다 매번 강조하였지만, 실제로 그 효과를 거둔 사람이 거의 없는 이유는 "실심으로 체행하지 않기 때문이니 반드시 '실심'이라는 말에 유의하여 힘써야 한다"고 하였다. 그는 또 '먼저 자제로서의 직분을 행하고 나서, 여력이 있으면 글을 배우라'고 한 공자의 말을 인용하여, 성인이 성인 된 까닭은 바로 '체행'에 있음을 다음과 같이 강조하였다.

> "글을 읽지 않으면 성현이 만들어 놓은 법을 고찰하여 사리의 당연함을 알 수가 없으니, 책을 잠시라도 덮어서는 안 됨이 이와 같다. 그러나 공자께서 반드시 먼저 자제子弟로서의 직분을 행하고 나서 여력이 있으면 글을 배우라고 하였으니, 이것이 성인께서 사람을 가르치는 법도이다. 학자들은 모름지기 먼저 그 의미를 인식하고 깊이 '체행'해야 하니, 성인이 성인인 이유는 다만 천성을 따르고 인륜을 극진히 해서일 뿐이다."
>
> -『미호집』권14, 잡저,「書示李敏修」

또한 질병과 우환 때문에 독서에 방해가 된다고 근심하는 문인 김택행과 황윤석에게 그는 "공부는 문자에만 의존하는 것이 아니니, '실심'만 있다면 우환도 공부에 방해될 것이 없다"며 다음과 같이 충고하였다.

"역병에 걸렸다고 하니 매우 염려되네. 우환으로 독서를 폐하는 것은 진실로 면하기 어렵지만, 사람이 학문할 때 어찌 오로지 지엽적인 문자에만 의존할 뿐이겠는가. 일상생활 속에서 마음을 일깨우고 수렴하는 공부를 폐하지나 않고 있는지 모르겠지만, 참으로 '실심'만 있다면 우환 중에 있다 하더라도 또 어찌 때때로 글을 외우고 읽을 여가가 없겠는가."

- 『미호집』 권9, 서, 「答族弟宅行」

"다만 우환 때문에 서책을 읽는 공부에 방해되는 점이 있다고 하니 이것이 안타까울 뿐이네. 비록 그렇다 하더라도 학문을 하는 요체는 문자에만 전적으로 의지하는 것은 아니네. 단지 움직일 때와 고요할 때, 말하고 침묵할 때, 부모를 섬기고 어른을 공경하며 남을 대하고 사물을 접하는 일상생활 속에서 이 마음을 풀어놓지 않고, 항상 하나의 옳은 곳을 찾아서 행할 수만 있다면 이것이 바로 근본 공부라네. 책을 읽는 공부에 이르

러서도 단지 이러한 의리를 규명하려고 해야지, 널리
보고 지나치게 읽는 것을 숭상해서는 안 되네."

－『미호집』권9, 서, 「答黃胤錫」

　하루는 문인 홍대용이 편지를 보내 학문하는 데 있어 '가볍
고 조급하며 엉성하고 기운이 꺾인' 자신의 병통을 토로하자, 김
원행은 스스로에 대한 치밀한 성찰이 이미 '실심'이 발현된 것임
을 지적하며, 그 '실심'만 중단되지 않는다면 점차 천리가 밝아져
'실공實功'을 기대할 수 있을 것이라고 다음과 같이 격려하였다.

　"보내 준 편지에서 운운한 것은 반성함이 치밀하고 뉘
우침이 간절하다는 것을 충분히 볼 수 있었으니, 이것
은 실로 양심이 발현되는 단서이네. 이로 인하여 더욱
마음을 일깨워서 중단되지 않게 한다면 자연히 천리가
점점 밝아져서 '실공實功'을 기대할 수 있을 것이네. 사
람은 이 '실심'이 없는 것을 근심해야 할 뿐이니, '실심'
이 선다면 무엇을 한들 이루지 못하겠는가. 이 '실심'을
세우느냐 세우지 못하느냐는 당사자에게 달린 것이지,
다른 사람이 간여할 수 있는 바가 아니라네."

－『미호집』권10, 서, 「答洪大容」

또한 성주 유생 이민철이 어느 날 '주정主靜' 공부에 대해 묻자, 주정 공부의 요체를 '아는 데'서 그쳐서는 안 되고, 반드시 실제로 그 방법을 '힘써 실천해 보고 자신이 어떠한지를 살피는 데'까지 이르러야만 하며, 어떤 공부법이든 '실심'으로 임하기만 하면 그 공효를 이룰 수 있을 것이라며 다음과 같이 충고하고 있다.

> "주정에 관한 공부는 또한 요체를 안다고 할 만하네. 다만 반드시 한번 여기에 힘을 기울여보고 자신이 어떠한지를 살펴야 하네. 선현이 또 주정은 주경主敬만 못하다고 하였으니, 이 말이 또 어떠한가? 그러나 주정과 주경을 막론하고 '실심'으로 잘 배우기만 한다면 수천 수만의 문호라도 모두 그 실室과 당堂에 들어갈 수 있을 것이네."
>
> -『미호집』권12, 서, 「答李敏哲」

또한 석실서원에서 김원행에게 배운 뒤 고향인 개성으로 돌아가 관선재觀善齋와 숭양서원 등에서 강회를 열던 조유선, 조유헌 형제가 어느 날 편지를 보내 강회 시 위차 및 삭망분향례와 알묘례 때의 의복 등에 관해 상세히 질문하자, 김원행은 간략히

답해 준 뒤 이는 모두 사소한 일이고 그보다는 '실심으로 강학하여 성취와 공효를 얻는 게 가장 중요하다'며 다음과 같이 말하였다.

"강회가 점차 두서가 잡혀가고 관가에서 또 물자를 지원할 수 있다고 하니 매우 기쁜 소식이네. 사강司講의 위차는 형세를 살펴 편리한 쪽을 따른다면 또한 어찌 해롭겠는가. 두건과 갓(巾笠)에 관한 설은 율옹의 「은병정사학규」에 또한 '초하루와 보름에 분향할 때에는 관직이 있는 자는 사모紗帽를 쓰고 유생은 두건을 쓴다'는 글이 있고, 그 아래에 또 '평명平明 때에는 모두 평상복 차림으로 묘정에 들어가 배례를 행한다' 하였는데, '평상복'에 대한 주에 '갓을 쓰고 직령直領을 입거나 혹은 관건冠巾을 쓰고 직령을 입는다' 하였으니, 강회 때 그대의 편지에서 말한 대로 한다면 또한 근거 없는 것이 되지는 않을 것이네.

대체로 이러한 것은 오히려 사소한 것이네. 단지 '실심'으로 강학하여 크게 성취하는 효과가 있다면 그 나머지는 어찌 절절할 필요가 있겠는가. 다만 유건을 쓰는 것이 무슨 곤란한 일이 있기에 이처럼 분분하게 의논

이 많단 말인가. 도리어 한바탕 웃을 뿐이네."

공부의 네 가지 등급과 '유학의 적'으로 규정된 '과업'

한편, 김원행은 당시 선비들이 학문하는 풍토를 네 가지로 구분하고 그 중 최하등급을 '과거공부', 최상등급을 '실천하는 학문'으로 규정하면서 '과거를 위한 학문은 최하층이고, 문장을 위한 학문이 그 다음이며, 경서의 장구를 익히는 학문이 그다음으로, 아래 두 단계와 비교하면 진실로 차이가 있는 것이 당연하다. 또 장구의 학문에서 나아가 그 아는 바를 실천하는 것이 최상의 선비의 학문이다'라고 하였다. 「석실서원학규」에서 '만약 과거 공부를 하고자 하는 자는 다른 서원으로 가야한다'며 서원에서의 과거 공부를 엄격히 금한 것은, 바로 그가 과거 공부를 가장 하등의 학문으로 여겼기 때문이다.

그는 심지어 "장구에나 치중하고 외우고 말하는 데만 공을 들여 내면에 터득한 것도 없이 외면적으로 아름답게 보이기를 구한다면 이는 바로 학자의 적賊일 뿐이니, 학문을 익혀서 무엇을 취하겠는가?"라고 하며, 과업에만 종사하는 학자를 '유학의

적'으로까지 규정하고 있다. 그 이유는 '과업'은 자칫 김원행이
학문에서 가장 중시했던 '실심'과 '체행'을 가로막는 근본적인
장애 요인이었기 때문이다. 이는 '선비들의 문체가 나날이 비루
해지고 인재가 나날이 줄어드는 것은 모두 과거 공부의 폐해 때
문'이라고 보았던 스승 김창협의 견해보다 한층 과격한 것이었
다. 어느 날 문인 김훈이 공부를 제대로 하지 못하고 제방 쌓는
일에 몰두하자, 그는 '지리를 이용한 경영으로 백성에게 은택을
미치는 것이 과거 공부에 얽매이는 것보다 낫다'며 그를 격려하
기도 하였다. 그러나 김원행 역시 현실에서는 과거 공부를 하는

문인들을 완전히 외면할 수는 없었다. 그는 문인이자 사위였던 서형수가 어느 날 과거 공부를 시작하자, 기왕 과거 공부를 하기로 했으면 최선을 다해 과거 문체를 익혀야만 과거시험이 있을 때마다 뜻을 빼앗기는 일이 없을 것이라며 다음과 같이 충고하였다.

> "이미 과거 공부를 시작하였다고 들었는데, 무슨 글을 짓고 있으며 지금은 몇 편이나 지었는가? 이 일은 비록 작은 일이기는 하지만, 과문을 짓는 공부를 하고자 했으면 힘써 해야지 허술하게 해서는 안 된다네. 과문 공부를 익숙하게 해 놓지 않으면 매양 과거 보는 시기를 만날 때마다 이 과문 공부에 몰두한들 세월만 아까울걸세. 뜻을 빼앗고 참된 공부를 방해하는 면에 있어서 그 해로움이 어찌 더욱 크지 않겠는가. 나도 젊었을 적에 이런 식으로 공부하는 것을 면치 못하였네."
>
> - 『미호집』 권9, 서, 「答徐逈修」

하루는 그가 각별히 아끼던 문인 홍대용이 과거 준비에 돌입하여 한동안 석실서원의 강회에 참석하지 못하게 되자, 비록 과거 공부에 종사하더라도 세파에 뜻을 빼앗기지 않으려면 어떤 마음자세를 가져야 하는지를 경계하고, 과거시험이 지나간 후에 다시 강회에서 만나기를 기약하며 다음과 같이 당부하였다.

"근래 여전히 과거 공부를 하고 있는가? 이 일도 결국 일상생활 중 한 가지 일에 불과하니, 만약 나에게 있는 것에 대하여 먼저 하나의 주재主宰를 세울 수 있다면 본디 나의 공부를 방해하지 못할 것이네. … 이제 옥조玉藻의 구용九容을 아침저녁으로 엄히 지키되, 이른바 '천만인의 속에서도 자신이 있음을 안다'는 말을 가지고 항상 스스로 점검하여 오래되어 완전하고 견고해진다면 저절로 세파에 따라 골몰하는 것을 알지 못할 것이네. 타일에 한번 오겠다는 약속은 사람을 매우 기쁘게 한다네. 과거를 본 뒤에 곧 책을 끼고 와서 수개월 동안 강회를 할 수 있다면 아마 서로를 감발시키는 유익이 있을 것이네. 반드시 이 약속을 지키도록 노력하고 소홀히 하지 마시게나."

- 『미호집』 권10, 서, 「答洪大容」

이렇게 평생 강학에 힘쓴 결과, 김원행의 문하에서는 서울, 경기를 포함하여 충청, 전라, 경상, 황해, 평안도에 이르기까지 전국에 걸쳐 150여 명에 이르는 광범위한 문인집단이 탄생하였고, 이들을 통해 김창협-이재-김원행에게 계승된 낙론의 학문은 전국 각지로 퍼져 나갔다. 이들은 과거를 통해 정계에 진출한 경화사족의 자제들로부터 평범한 향리의 유생에 이르기까지, 김원행의 성리설과 예설을 착실히 계승한 학자에서 그의 '실심' 사상을 경세와 실학의 학문으로 발전시킨 진보적 지식인에 이르기까지 매우 다양한 양상으로 존재하였다. 그중 김원행의 성리설과 예설을 충실히 계승한 문인으로는 박윤원, 오윤상, 김이안 등을 꼽을 수 있으며, '실심' 사상을 계발하여 경세와 실학의 새로운 영역으로 확장시킨 문인으로는 홍대용과 황윤석을 꼽을 수 있다.

특히, 홍대용은 "일찍이 묻고 배우는 것은 '실심'에 있고 베풀어 행하는 것은 '실사實事'에 있으니, '실심'으로 '실사'를 행하면 허물이 적어지고 업을 성취할 수 있음을 배웠다"라고 하며 김원행에게 배운 가르침의 요체를 '실심'과 '실사'의 네 글자로 간명하게 요약하였다. 그는 또한 김원행이 당대 선비들의 학문 풍토를 '과거학, 사장학, 경학, 실천학'의 네 가지로 제시한 데서 한발 더 나아가 '과거학, 문장학, 경학'에 종사하는 선비를 각각 '재사, 문사, 경사'로 지칭하고, 이와 차원을 달리하는 유형의 선비를 '진사眞士'라 하며 다음과 같이 구분하고 있다.

"세상에서 이른바 선비란 것에는 세 종류가 있으니, 즉
경학, 문장, 과거 공부에 종사하는 선비이다. 성운聲韻
을 전공하고 시율詩律을 연습하여 과환科宦과 명리名利
의 길에 온갖 힘을 기울이고자 하는 자는 지금의 이른
바 재사才士이나 내가 이른 바의 선비는 아니다. 경전의
글귀를 따다 쓰고, 반고와 사마천의 설을 그대로 사용
하여 쓸데없는 말을 꾸며서, 한때의 기림을 노리고 백
세의 명예를 구하는 자는 지금의 이른바 문사文士이나
내가 이른 바의 선비는 아니다. 그 언론이 고명하고 시

원스러우며 몸가짐도 단정하고 엄숙하며, 요순의 다스림과 공맹의 학설을 입에 끊임없이 이야기하므로, 유사가 그 어짊을 천거하여 벼슬과 녹이 점점 더해지게 되나 그의 행실을 자세히 살피면 안으로는 어두운 방에서 속이지 않을 덕이 없고, 겉으로는 천하를 경륜할 재주가 없으며, 속이 텅 비고 아무것도 없는 자는 지금의 이른바 경사經士이나 내가 이른 바의 선비는 아니다. 반드시 인의를 깊이 생각하고 예법을 조용히 행하여, 천하의 부귀도 그의 뜻을 음탕케 못하고, 누항의 곤궁함도 도를 즐거워하는 그의 낙을 고치게 못하며, 천자도 감히 신하로 삼지 못하고 제후도 감히 친구를 삼지 못하며, 출세해서 도를 행한다면 혜택이 사해에 펴지고, 벼슬하지 않고 숨는다면 도를 천재에 밝힐 수 있는 자라야, 내가 이른 바의 선비이니, 이런 자야말로 진사眞士라 할 수 있는 것이다."

- 『담헌서』 내집, 권3, 설, 「贈洪伯能說」

김원행에게는 '경사經士'의 단계에서 '실심'과 '체행'이 갖추어지면 '실사實士'로 간주되었으나, 홍대용에게 '경사'는 심지어 '겉과 속, 명과 실이 일치하지 않는 위선자'처럼 간주되고 있다. 그는 김원행의 '실사'를 구체화하여 한 걸음 더 발전시켰으나 그중 과거학에 종사하는 선비는 '재사'에 불과한, 여전히 가장 낮은 등급으로 평가되고 있다.

어느 해 과거시험이 있던 날, 석실서원에 홀로 남겨진 스승 김창협

김원행에 앞서 17세기 말부터 18세기 초반까지 석실서원의 강학을 주도한 스승은 김창협이다. 그는 45세가 되던 1695년부터 양주의 삼산각에서 생을 마감할 때까지 동생 김창흡과 더불어 석실서원의 강학을 주도하며 많은 문인을 길러 냈다. 조선 후기 석실서원이 새로운 학풍을 꽃피우며 노론계의 대표적인 서원으로 성장할 수 있었던 건 바로 안동김씨 가문이 배출한 이두 학자 덕분이라고 할 수 있다. 조선 후기 사회의 정치적 동향과 안동김씨 가문의 정치적 입지, 당시 서울·경지 지역의 문화적 특징과 서울 학계의 변화 등을 기반으로 이들은 매우 독특한 학풍을 지니고 있었고, 석실서원에서의 강학과 교류는 그들의 학풍이 서울 학계에 확산되는 데 핵심적인 역할을 하였다. 김창협 형제의 명성이 알려지자 '사방에서 쫓아오는 선비들이 구름

처럼 많고, 매일 밤마다 방안에 줄줄이 켜진 불빛이 꺼지지 않을' 만큼 전국 각지에서 많은 문인이 석실서원에 몰려와 배움을 청하였고, 짧게는 며칠에서 한 달, 길게는 1년까지 석실에 머물며 학업을 익혔다.

한편, 김창협은 당시 선비들의 문체가 나날이 비루해지고 인재가 나날이 줄어드는 것은 모두 과거 공부의 폐해 때문에 생기는 문제라고 생각하였다. 그는 문인들이 과거에 응시하는 것

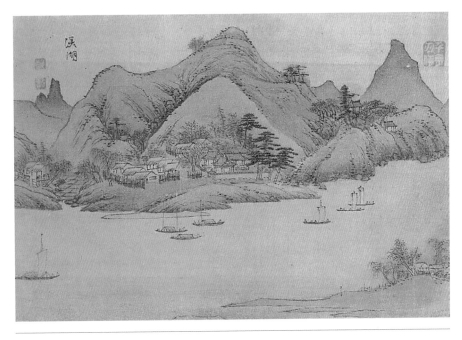

그림 40 《경교명승첩》〈김창협이 머물던 양주 삼산각〉, 간송미술관 소장, 위키피디아에서 전재

을 금하지는 못했지만, 최소한 석실서원에서는 성현의 글을 통해 의리를 탐구하는 공부를 최우선으로 하여 먼저 바탕을 쌓고, 여력이 남거든 그때 과거 공부를 하라고 강조하였다. 특히 그는 젊은 시절 자신의 체험을 통해 과거 공부가 의리 탐구와 내면 수양을 위한 마음공부에 자칫 얼마나 독이 되는지를 누구보다 잘 알고 있었다. 그는 문과에 급제하기 전 24세부터 30세까지 과거 공부를 아예 포기하고 독서에만 전념한 적이 있었다. 과거 공부에 뜻을 빼앗기지 않고 오롯이 독서와 사색에만 마음을 쏟은 결과, 6년이라는 짧은 기간 동안 그는 평생 이루지 못한 성취와 깨달음을 얻을 수 있었다고 고백하였다.

1699년에는 이른바 '기묘과옥'이라 불리는 유명한 과거 부정 사건이 있었다. 합격자 33명 중 15명이 부정으로 합격한 것이 발각되어 전원 합격이 취소되고 시험 감독관을 비롯한 10여 명이 절도로 유배 간 사건이었다. 이때 기묘과옥에 연루되어 평생 다시는 과거를 보지 않겠다고 선언한 뒤 석실서원에 들어와 김창협의 문인이 된 자가 있었으니 바로 어유봉이다. 자신을 찾아온 어유봉에게 김창협이 무슨 책을 공부하고 싶냐고 묻자 어유봉은 '늘상 『소학』을 숙독하고자 하였으나 과거 공부에 골몰하여 겨를이 없었는데 이제 이 책을 반복하여 익히겠다'고 답하였다. 이에 김창협은 "나는 갑인년부터 경신년까지 과거 공부를 그만두고 독서에 전념하였는데 매우 효과가 있었다. 일생 사용한 것은 단지 그 몇 해 동안의 공부에서 나온 것이었다. 사람이 세상을 살면서 이러한 시절이 없어서는 안 된다"고 하며 어유봉을 격려하였다.

하루는 서문약이라는 유생이 늦은 나이에 과거 공부에 뜻을 접고 도학 공부에 전념하고 싶다며 석실서원으로 김창협을 찾아왔다. 그는 "몸을 삼가고 행실을 닦아 훌륭한 선비가 되고 싶은 뜻은 있지만, 나이가 많은 데다 또 과거 공부가 누가 되어 독서에 전념하지 못할까 근심스럽습니다. 우선 과거 공부를 제쳐

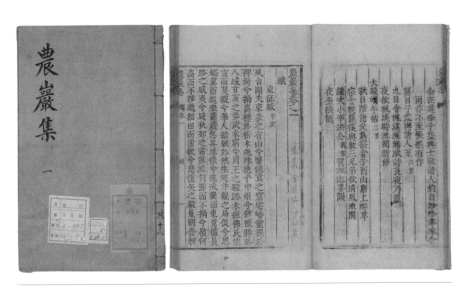

그림 41 김창협의 문집 『농암집』, 한국학중앙연구원 장서각 소장

두고 독서만 하고 싶은데 형제와 벗들이 서로 만류하고 비난하며 비웃기까지 하니, 어찌하면 좋겠습니까?'라며 고민을 털어놓았다. 이에 김창협은 '선비가 오늘날 세상에 살면서 과거 공부를 어떻게 하지 않을 수 있겠는가'라고 말문을 연 뒤, '만약 익히는 것이 다른 학업이라서 성현의 글에 힘을 쏟을 수 없다고 한다면, 이것이 바로 오늘날 세상에서 과거 공부를 하는 사람들의 비루한 습관이고 고질적인 폐단이다. 문체가 나날이 비루해지고 인재가 나날이 줄어드는 것은 모두 이 때문에 생기는 문제이다'라고 하며, 필세가 활기차고 조리가 분명한 문장을 지어 과거에 급제하는 것은 성현의 글을 독실하게 읽지 않고서는 결코 도달할 수 있는 경지가 아니라며, 도학 공부는 과거 공부의 필요조건임을 역설하였다.

그는 또한 '남의 글을 표절하고 문장만 화려하게 수식하여 우연히 과거에 급제한다 하더라도 이는 눈을 감고 활을 쏘아 우연히 정곡을 맞춘 것과 같을 뿐이니, 만약 조정에 나가서 임금께 간하고 학문을 논하는 자리에 있게 된다면, 어리둥절하여 한마디 말도 하지 못하고 한 가지 일도 결단하지 못한 채 목각 인형처럼 우두커니 앉아 있는 꼴을 면치 못하게 될 것'이라고 하였다. 따라서 우선, '성현의 글을 공부하여 마음과 눈을 밝게 틔우고 근본을 배양한 뒤에 그 여력을 가지고 과거 문장을 익힌다면 앞으로 큰 성취가 있을 것'이라며 과거 공부의 성패는 겉으로 보이는 화려한 문장의 수식에 달려 있는 것이 아니라, 반드시 성현의 글을 통해 의리를 탐구하고 마음을 먼저 닦는 데서 출발해야 함을 강조하였다.

김창협의 가르침에 따라 서문약은 석실서원에서 『대학』을 시작으로 열심히 독서에 매진하여 일정한 성과를 이룬 뒤 귀향하였고, 어유봉은 후일 김창협이 지은 사칠논변에 대한 글을 함께 읽고 토론할 만큼 학문적 진보를 이루어 김창협의 수제자가 되었다. 그러나 대다수의 문인들은 현실적으로 과거를 포기할 수 없었고, 김창협 역시 이를 말리지는 못했다. 어느 해 과거 시험이 있던 날, 석실서원에서 함께 공부하던 유생들이 전부 과거에 응시하러 서울로 떠나자 서원은 텅 비고 김창협만 덩그러니 남게 되었다. 이에 그는 홀로 쓸쓸하게 미수가를 산책하며 다음과 같은 즉흥시를 지어 그날의 심경을 표현하고 있다.

물굽이 걷노라니 맑은 물이 맘에 들어
물가 앉아 오도카니 물고기 구경하네
그 누가 거룻배로 물길 헤쳐 올라오나
놀라 깬 기러기 떼 어지러이 날으네

물이 빠져 드러난 거칠은 큰 바위에
가만 앉아 있노라니 거북 등을 탄 것 같아
어느 제나 소나무 천 자 높이 자라나서
낚싯대며 술잔을 그 그늘에 놓아 볼까

따순 햇살 솔바람 봄 날씨 다름없고
먼 산엔 선명하게 푸른 안개 펴 나는데
명예를 좇지 않는 사람은 하나 없고
맑은 강에 그림자만 마주하는 늙은 이 몸

– 당시 제생들이 모두 과거를 보러 서울로 갔다 –

-『농암집』권5, 시,「十八日卽事」

그러나 한편, 김창협은 학문의 근본이 '위기지학'과 '의리지학'에 있음을 분명히 한 뒤에, 과거를 준비하는 문인들이 있으면 힘닿는 데까지 도와주고자 하였다. 하루는 김창협이 영평의 백운사에 머물 때 전라도 장성에서 김극광, 김중엽, 정증 세 사람이 찾아왔다. 김창협이 문장에 조예가 깊다는 소문을 듣고 애초에 그의 문하에서 과거 문장을 익힐 목적으로 찾아온 유생들이었다. 이들은 한 달 넘게 머물면서 김창협에게 과거 문체를 열심히 배운 뒤 여러 차례 생원, 진사시에 응시하였으나 끝내 합격하지 못하자 고향으로 내려가 후진 양성에 힘썼다고 한다. 김창협은 이들에게 과거 문체를 가르칠 때에도 '고금 문장의 잘 잘못을 마음껏 담론하다가 점점 도의로 접근해 들어가기도 하였다'고 술회하고 있다. 김극광은 이후 김창협이 석실서원에서 강학할 때에도 지속적으로 참여하며 학문을 이어갔다.

한편, 석실서원에서 학문에 조금이라도 성취나 진보를 보이는 문인들이 있으면 김창협은 크게 기뻐하며 격려를 아끼지 않았다. 하루는 문인 이현익이 공부하다 의문 나는 대목을 기록한 것을 보고, 김창협은 '요사이 강론하는 것이 더욱 정밀하고 부지런하다. 한번 크게 진보할 듯하지만, 다만 배운 내용을 뽑아 기록한 것이 너무 많은 것 같다'고 하며 칭찬과 조언을 동시에 하였다. 어느 날 권상하에게 보낸 편지에서는 "저와 함께 어울리고 있는 벗들이 항상 10여 명은 되는데, 이들이 비록 다 과거 시험에 대비할 뜻을 떨쳐 버리지 못하고 있기는 하나, 강론하는 것은 대부분 의리에 관한 글입니다. 이들과 어울려 밤낮으로 절차탁마하노라니 후생을 가르치는 일에 상당히 기운이 납니다. 이들이 얼마나 오랫동안 함께 있을지는 알 수 없으나 그 가운데 간혹 기대를 걸 만한 한두 사람이 없지 않으니, 학문의 기운과 맥이 어쩌면 단절되지 않을지도 모르겠습니다"고 하며 문인들과 절차탁마하는 기쁨을 표현하였다. 동시에 학문에 두각을 나타내는 몇 몇 유생들에 대한 기대를 은근히 내비치며 자신의 학문의 명맥이 석실서원의 강학을 통해 충실히 계승되기를 바라는 마음을 표현하고 있다.

김창협은 스승 이단상과 조성기가 전인의 학설에 대한 맹목적 답습을 경계하고 '자득'을 중시하였듯이, 독서법에 있어 문인들에게 '끊임없이 의심하고 정밀하게 생각하여 자득의 경지에 도달할 것'을 매우 강조하였다. 그는 "만약 숙독하고서 또 정밀하게 생각할 수 있다면 이보다 좋은 것이 있겠는가. 그러나 생각하지 않고 그저 읽기만 하는 것이 많이 읽지 않으면서 정밀하게 생각하는 것보다 못하다"고 하였다. '숙독과 생각하는 것'은 학문에 있어서 지와 행의 관계처럼 하나라도 없어서는 안 되는 것이지만, 맹목적인 독서보다는 '정밀하게 생각하는 것'이 자득을 위해 더 근본적인 독서법임을 강조한 것이다. 그는 또한 "독서할 때는 의심을 품는 것이 가장 중요하다. 만약 의심을 품지 않는다면 빈틈을 발견하지 못할 것이니 어디에 생각을 집중하겠는가. 그러므로 독서하다가 의심스러운 부분을 만나게 되면 비록 고민스러울 듯하지만 실은 너무나도 다행한 일이다"고 하며, 자득의 경지에 도달하기 위해서는 먼저 정밀하게 생각해야 하고, 정밀하게 생각하려면 먼저 의심을 품어야 함을 강조하였다.

　김창협이 강학할 때 석실서원을 찾은 문인들은 출신 지역, 계층, 연령에 있어 매우 다양하였다. 어유봉, 이현익, 이하곤, 김담, 오대훈, 오대준, 황주하 등 20세 이상 연하의 문인이 있는가 하면, 창계 임영은 김창협보다 두 살 연상이었고, 최주악은 동갑이었으며, 김극광과 홍세태는 두 살 아래였다. 그중 최주악과 임영, 홍세태는 김창협의 문인이자 동시에 조성기의 문인이기도 했다. 또한 김극광은 전라도 장성에서, 오대훈·오대준 형제는 나주에서, 이하곤은 충북 진천, 황주하는 강원도 원주에서 석실까지 김창협을 찾아와 문인이 되었다. 또 아들 김숭겸과 8촌 동생 김성후, 조카 김시보, 족질 김시좌 등도 문인으로 석실서원의 강학에 꾸준히 참여하였다. 특히 김창협, 김창흡이 그 문학적 재능을 높이 평가하여 몹시 아꼈던 홍세태는 중인 출신이자 유명한 위항시인이었고, 중국 사신이 조선의 시를 보고 싶어하자 좌의정 최석정이 그의 시를 추천할 만큼 시에 뛰어난 인재였다. 최주악도 사천 이병연, 겸재 정선과 시회를 맺고 활동할 만큼 시로 이름이 높았으며, 이하곤은 조선 후기 유명한 문인화가이자 평론가로 이병연, 정선, 윤두서 등 당대 유명한 시인, 화가들과 교유한 인물이었다.

　이렇게 17세기 후반부터 석실서원에서 10년 넘게 강학에만

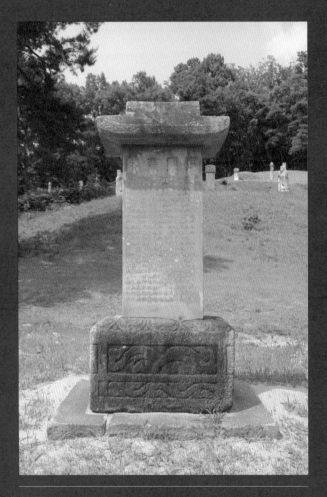

그림 42 석실서원 묘정비, 사진 김자운

전념하던 김창협은 1708년 4월 11일, 58세의 나이로 삼주 삼산 각 정침에서 사망하게 된다. 그의 부음이 전해지자 조정과 초야 에서 모두들 서로 조상弔喪하였고, 원근의 선비들이 달려와 슬 픔을 다해 곡하였으며, 문인들 중에 가마加麻하는 이가 60-70명 이나 되었다고 한다. '가마'는 겉옷에 삼베 헝겊을 붙이는 것을 말한다. 스승의 상에는 원래 복이 없기 때문에 겉옷에 가마하여 애도의 뜻을 표했던 것이다. 이어 6월에는 석실의 선영에 장사 지내고, 1713년 가을에는 석실서원에 위패를 모셔 배향하였다.

김창협 형제 사후 석실서원은 경종 대 소론의 집권으로 김 창집 등 일가가 죽임이나 유배를 당하고 석실서원에 모신 김창 협과 그의 아버지 김수항의 위패를 철회하는 등 수난을 겪으면 서, 김창협 때 꽃피웠던 강학 활동도 잠시 그 명맥이 끊어졌다. 비록 강학은 중단되었지만 낙론의 학맥은 도암 이재에게로 계 승되었고, 18세기 중반 김창협 형제와 이재의 문인이었던 김원 행에 의해 석실서원 강학은 다시 부활하게 된다.

나오는 말: 시대를 관통하는 교육의 화두

최근 10여 년 동안 한국에서는 혁신학교 정책을 필두로 공교육 개혁 운동이 활발히 전개되고 있다. 혁신학교의 목표는 한마디로 '공교육의 정상화'에 있다. 지나치게 많은 학업량과 스트레스로 대변되는 한국의 교육 제도가 학생들의 정상적, 전인적 발달을 방해하며 삶의 의미와 목적에 대한 감각, 자존감 등에 큰 위협이 되고 있는 현실에서, 혁신학교는 학생의 웰빙, 민주시민성, 자율성, 창의성, 대인관계 능력을 강조하고, 단위 학교의 형편과 필요에 맞춘 혁신적인 교육과정과 평가, 학교 운영 및 학생 지도를 통해 전인교육의 대안적 모델을 만들어 내는 데 성공하고 있다.

그러나 이러한 변화에도 불구하고, 한국 사회의 전반적인 분위기는 여전히 '학업성취'라는 편협한 기준만 강조하는 만연한 사회적 압력에 직면하고 있다. 한국 사회, 특히 학부모들은 학생들을 21세기에 대비시키기 위해 전인교육이 필요하다는 것을 막연히 인식하면서도, 실제로는 전인교육보다 학업성취와 입시경쟁, 직업적 성공을 과도하게 강조하고 있다. 그래서 전 세계의 '학교 변화'를 전문적으로 연구하는 세계적인 학자들 사이에서 혁신학교는 '극심한 학업 경쟁과 전인교육이라는 목표 사이에서 긴장을 다루는 학교'로 표현되기도 한다.

전통시대 서원에도 물론 '과업과 도학' 사이의 긴장이 있었다. 그러나 차이점은, 서원에는 그 긴장과 욕망을 조절할 시스템이 자체적으로 내장되어 있었다는 사실이다. 여기서 우리는 과업과 도학, 지식과 덕성 사이의 조화와 통일을 추구했던 서원의 인문정신이 교육 환경 및 교육 체제와 매우 유기적으로 통합되었던 역사적 경험을 다시금 되새길 필요가 있다.

먼저, 서원에서 실천한 공부법에는 '어떻게 해야 배운 지식을 몸에 체화하고 마음에 내면화할 수 있을까', '지식이 공동체의 삶과 도대체 무슨 관계가 있는가'라는 교육학의 가장 본질적인 질문과 해법이 담겨 있다. 지식이 학습자의 마음 혹은 삶과 관계 맺지 못할 때, 화이트헤드는 이를 '무기력하고 생기 없는 관념inert idea'이라고 비판하였으며, 존 듀이는 '인성의 분열을 초래하는 원인, 곧 미친 사람을 길러 내는 교육'이라며 혹독하게 비판한 바 있다. 이는 시대를 관통하는 교육 본연의 문제의식이자 교육을 오직 입시와 성공이라는 욕망 충족의 수단으로 삼는,

지금 우리 교육이 당면한 가장 절실한 과업이기도 하다. '앎과 삶'의 통합을 목표로, 공간 구성부터 의례에 이르기까지 '어떻게 해야 지식으로부터 학습자의 소외를 극복할 수 있을까'를 고민했던 서원교육의 원리와 다양한 장치들은 21세기의 우리가 서원에서 배워야 할 가장 핵심적 가치이다.

두 번째는 '장수와 유식'이 결합된 공간 구성의 철학이다. 푸코는 근대 학교를 군대나 감옥처럼 조직적인 감시와 규제, 훈련이 지배하는 공간으로 설명하고 학생을 감옥의 수형자, 교사와 행정가는 감옥의 간수에 비유한 바 있다. 또 이푸 투안은, 서구의 근대 학교를 학생들을 공간적으로 분할, 등급화하여 연령에 따라 나누고, 그에 상응하는 커리큘럼을 제공하며 훈육과 통제 대상으로서의 이질성을 줄임으로써, 학생들로 하여금 양식화된 행위를 하도록 만드는 곳이라고 보았다. 즉, '공간은 사회적 생산물'이고 그 문화가 내포한 다양한 사회관계와 문화 형식이 담기는 장소이다. 서원은 표준화된 등급이나 획일적 커리큘럼 대신 학습자의 개인차를 철저히 존중하는 동시에 호혜적 배움을 실현하는 공간이었다. 또 '장수와 유식'이 결합된 서원의 교육 공간에는 학교를 '존재'의 성찰을 위한 최적의 공간으로 가꾸고자 하는 노력이 담겨 있다. 자연과 인간의 조화, 몸과 마음의 전인적 수양이라는 '전체론적 사유'와 '관계의 교육학'이 철저히 구현된 서원의 교육 공간은 우리 시대 학교 공간 구성을 위한 철학을 모색하는 데 하나의 대안적 모델이 될 수 있다.

셋째, '상호존중과 관계의 훈련'을 위한 '의례'의 정신이다. 이는 '관계의 훈련'이 절실한 현대교육에 매우 유용한 가치이다. 의례에 담긴 정신을 통해 스승과 친구를 시험의 도구나 경쟁의 대상이 아닌, '서로를 감발'시키며 호혜적 배움을 돕는 존재로 인식할 수 있다. 이때 의례의 형식이 꼭 정읍례나 상읍례일 필요는 없다. 정신은 계승하되 내용은 얼마든지 변용 가능하다. 그 예로 매일 아침 수업 시작 전 20분간 전교생이 강당에 모여 함께 노래를 부르고 각자 삶의 이야기를 들려 주며 공동체 의식과 연대감을 함양하는 덴마크 자유학교의 'morning assembly', 최근 한국의 초등학교에서 시행하는 '아침 열기' 같은 프로그램은 의례의 현대 교육적 의미를 잘 구현한 사례라고 할 수 있다.

마지막으로 언급할 것은 서원이 보장받았던 학문과 운영의 자율성이다. 최근 한국의 공교육 개혁 운동이 전인교육을 위한 대안적 모델을 만들어 내는 데 부분적으로나마 성공할 수 있었던 가장 큰 비결은 과연 무엇일까? 바로 현장 주체들의 '자발성과 능동성'이다. 즉, 정부는 행재정적 지원만 제공하고, 개혁의 모든 주권을 학교 현장의 교사들에게 오롯이 돌려준 최초의 개혁이었다는 점에서 찾을 수 있다. 이는 서원 운영에서 행재정적 지원은 국가 및 지방 정부가 담당하되 교육 내용과 운영에 있어서는 국가의 간섭을 최소화하고 향촌 사림들의 자율에 맡기는 향촌 자치제를 주장했던 퇴계, 그리고 규칙이나 금지 조항으로 학생들을 강제하거나 억압하는 대신 학습자의 자율성을 최우선으로 보장할 것을 강조했던 주자의 「백록동규」의 정신과 맞닿아 있다.

조선의 서원이 도의 추구라는 인문정신과 관계의 교육학을 자유롭게 펼칠 수 있었던 가장 중요한 배경 역시 바로 과거와 법령의 구속에서 벗어나 학문과 운영의 자율성이 보장된 교육 기관이었다는 점에서 찾을 수 있다. 지금까지 한국의 공교육은 사실상 '효율성과 경제성'을 강조하는 국가 권력의 논리와 자본주의 시스템이 막강한 지배력을 행사해 왔다. 교육이 국가 권력의 지배에서 벗어나지 않는 한 '극심한 입시경쟁과 전인교육이라는 목표 사이의 긴장'은 어쩌면 영원히 해소되기 어려운 요원한 과업일지도 모른다. 현재 우리 공교육 개혁의 목표이자 전통 시대 서원에서는 당위적 가치였던, 전인교육을 실현하고자 하는 노력 및 학문과 운영의 자율성 보장은 혁신학교뿐만 아니라 모든 학교에서 이루어져야 한다.

참고문헌

『講所雜錄』.

『近思錄』.

『錦溪集』.

『南溪集』.

『論語』.

『農巖集』.

『湛軒書』.

『大東野乘』.

『明齋遺稿』.

『명종실록』.

『牧民心書』.

『渼湖集』.

『屛溪集』.

『嘯皐集』.

『紹修書院謄錄』.

『紹修書院誌』.

『小學』.

『承政院日記』.

『市南先生別集』.

『心經附註』.

『영조실록』.

『雲院雜錄』.

『栗谷全書』.

『周易』.

『朱子語類』.

『竹溪志』.

『蒼石集』.

『退溪先生年譜補遺』.

『退溪續集』.

『退溪言行錄』.

『退溪集』.

『筆巖書院誌』.

『霞溪集』.

『鶴峯集』.

『晦軒先生實記』.

김자운, 「16세기 소수서원 교육의 성격」, 『유교사상문화연구』 58, 한국유교
　　학회, 2014a.

＿＿＿, 『朝鮮時代 紹修書院 講學 研究』, 박사학위논문, 한국학중앙연구원,
　　2014b.

＿＿＿, 「퇴계의 서원관과 조선후기 소수서원 講學의 변화」, 『퇴계학논집』
　　18, 영남퇴계학연구원, 2016a.

＿＿＿, 「19세기 소수서원 《중용》 강회의 특징과 퇴계학의 분화: '호학(湖學)'
　　의 계승과 분화를 중심으로」, 『퇴계학논집』 19, 영남퇴계학연구원,
　　2016b.

박종배,『朝鮮時代 學校儀禮 硏究』, 박사학위논문, 서울대학교대학원, 2003.

유탁일,「《주자사절요(朱子書節要)》의 편찬(編纂) 유통(流通)과 박광전(朴光前)의
　　　　위치(位置)」,『퇴계학과 유교문화』32, 경북대학교 퇴계연구소, 2003.

윤희면,『조선시대 서원과 양반』, 집문당, 2004.

이우진,「유학(儒學)에서의 배움: 본받음의 길」,『퇴계학논집』22, 영남퇴계
　　　　학연구원, 2018.

정만조,『朝鮮時代 書院硏究』, 집문당, 1997.

정만조 외,『한국의 서원문화』, 한국서원연합회 엮음, 문사철, 2014.

정석태 엮음,『退溪先生年表月日條錄』1, 사단법인 퇴계학연구원, 2002.

정순우,『공부의 발견』, 현암사, 2007.

_____,「주세붕의〈心圖〉편찬과 그 사상사적 意味」,『퇴계학보』123, 사단
　　　　법인 퇴계학연구원, 2008.

_____,『서당의 사회사』, 태학사, 2013.

_____,『서원의 사회사』, 태학사, 2013.

조준호 외,『석실서원』, 한국학중앙연구원출판부, 2018.

한형조 외,『심경-주자학의 마음 훈련 매뉴얼』, 한국학중앙연구원출판부,
　　　　2009.

陳雯怡,『由官學到書院』, 聯經, 2004.